大跨度钢桁架简支梁桥顶推建造技术
—— 以常泰长江大桥北接线为例

安 鹏 主编

孙引浩 吕天文 副主编

东南大学出版社
·南京·

内容提要

本书总结了常泰大桥北接线这座国内最大跨度钢桁架简支梁桥的顶推建造技术，重点介绍了大跨度简支钢桁架梁桥钢结构加工、节段组装、制造技术，大跨度简支钢桁架梁桥纵向顶推施工控制技术，横向纠偏技术及单幅顶推到位后横向平移定位技术及抗倾覆稳定措施和水中临时墩的防撞措施等。本书内容丰富，素材来源于工程一线，具有很高的工程实践意义和理论参考价值。

图书在版编目（CIP）数据

大跨度钢桁架简支梁桥顶推建造技术：以常泰长江大桥北接线为例 / 安鹏主编. -- 南京：东南大学出版社，2024. 11. -- ISBN 978-7-5766-1742-9

Ⅰ. U448.21

中国国家版本馆 CIP 数据核字第 2024K5G446 号

责任编辑：曹胜玫　　责任校对：韩小亮　　封面设计：毕　真　　责任印制：周荣虎

大跨度钢桁架简支梁桥顶推建造技术
——以常泰长江大桥北接线为例
Dakuadu Ganghengjia Jianzhi Liangqiao Dingtui Jianzao Jishu——Yi Changtai Changjiang Daqiao Beijiexian Wei Li

主　　编	安　鹏
出版发行	东南大学出版社
社　　址	南京市四牌楼2号　邮编：210096
出 版 人	白云飞
网　　址	http://www.seupress.com
经　　销	全国各地新华书店
印　　刷	广东虎彩云印刷有限公司
开　　本	700 mm×1 000 mm　1/16
印　　张	11.25
字　　数	173 千字
版　　次	2024 年 11 月第 1 版
印　　次	2024 年 11 月第 1 次印刷
书　　号	ISBN 978-7-5766-1742-9
定　　价	58.00 元

本社图书若有印装质量问题，请直接与营销部联系。电话(传真)：025-83791830

《大跨度钢桁架简支梁桥顶推建造技术——以常泰长江大桥北接线为例》编写人员及分工

主　　编：安　鹏
副 主 编：孙引浩　吕天文
编写人员：（编写人员及分工见下表）

章节名称	参编人员	参编人员单位
第一章　工程概况	安　鹏　孙引浩 吕天文　余肖石 吕兵荣　李龙吉 王文炜　陈　新 郭　凯	中铁建城建交通发展有限公司 东南大学
第二章　施工方案		
第三章　顶推过程中横向纠偏关键技术		
第四章　稳定性及抗倾覆关键技术		
第五章　横向顶推控制关键技术		
第六章　临时墩防撞设计关键技术	王文炜　陈　新 郭　凯	东南大学
第七章　基于BIM技术的施工信息化管理	严少峰　牟登科 王文炜　陈　新 郭　凯	中铁建城建交通发展有限公司 东南大学
第八章　施工过程有限元分析	王文炜　陈　新 郭　凯	东南大学
第九章　主要结论		

前 言

　　桥梁道路的建设是经济发展的基础。目前，大部分城市的市中心都存在横跨东西、纵贯南北的道路，这些道路将发展中的城市分割为多个区域，随着城市人口的增长和车流量的增加，区域之间的交通往来已经出现瓶颈，对城市经济发展产生了制约。为了解决越来越严重的城市交通问题，越来越多的大跨径桥梁投入建设使用当中。

　　钢桁梁作为高速公路建设的重要组成构件，具有承载能力强、构件制作精度高、便于运输与安装等优点，已在我国诸多高速公路工程中得到应用。在公路桥梁建设过程中，遇到跨高速公路、河流等情况时，通常采用顶推法施工，这种技术首先将桥梁梁段从桥墩上抬升，然后利用临时支撑和推进系统将其顶向预定位置，从而实现桥梁的逐段推进和拼装。该方法不仅不会影响既有线路的通行与通航，而且具有施工成本低、设备轻便、施工速度快等优点，适用于各种地形和条件。

　　然而，顶推建造技术也存在一些问题和挑战。首先，对于复杂地形和特殊条件下的桥梁，顶推施工可能会面临技术难度较大的挑战，需要设计和施工团队具备高水平的专业能力。其次，顶推施工过程中需要严格控制各种参数和环境因素，以确保施工安全和质量。同时，顶推技术对施工设备和材料的要求也较高，需要投入大量的人力、物力和财力。

　　本书总结了常泰大桥北接线这座国内最大跨度钢桁架简支梁桥的顶推建造技术，重点介绍了大跨度简支钢桁架梁桥钢结构加工、节段组装、制造技术，大跨度简支钢桁架梁桥纵向顶推施工控制技术、横向纠偏技术、单幅顶推到位后横向平移定位技术及抗倾覆稳定措施和水中临时墩的防撞措施等。本书内容丰富，素材来源于工程一线，具有很高的工程实践意义和理论参考价值。

目 录

第一章 工程概况 ·· 1
  1.1 项目简介 ·· 1
  1.2 钢桁架概况 ··· 3
  1.3 钢桁架结构类型 ··· 3
    1.3.1 主桁结构 ·· 3
    1.3.2 桥面系 ·· 4
    1.3.3 纵向联接系 ··· 5
    1.3.4 桥门架及横向联接系 ·· 6

第二章 施工方案 ·· 7
  2.1 施工阶段划分 ··· 7
  2.2 施工流程图 ··· 7
  2.3 施工要求 ·· 11

第三章 顶推过程中横向纠偏关键技术 ·· 13
  3.1 引言 ··· 13
    3.1.1 研究目的及意义 ··· 13
    3.1.2 关键技术主要内容 ·· 13
  3.2 基于侧向千斤顶和止顶板的横向纠偏施工方法 ···························· 14
    3.2.1 横向纠偏施工方法 ·· 14
    3.2.2 侧向千斤顶和止顶板受力模拟计算 ····································· 16
    3.2.3 钢桁梁横向偏位实测 ·· 17
  3.3 基于有限元模拟的钢桁梁局部屈曲控制技术 ······························· 49
    3.3.1 钢桁梁下桁架有限元模型 ·· 49

3.3.2　钢桁梁下桁架局部屈曲分析 ………………………………… 49
3.4　基于混合有限元分析的钢桁梁节点受力性能研究 …………………… 51
　　3.4.1　MIDAS/Civil 有限元整体受力分析 …………………………… 52
　　3.4.2　ABAQUS 节点分析 ……………………………………………… 54
　　3.4.3　节点优化设计 …………………………………………………… 57

第四章　稳定性及抗倾覆关键技术 ……………………………………… 60
4.1　引言 ……………………………………………………………………… 60
4.2　稳定性分析理论 ………………………………………………………… 60
　　4.2.1　分支点失稳 ……………………………………………………… 61
　　4.2.2　极值点失稳 ……………………………………………………… 61
4.3　支架稳定性有限元分析 ………………………………………………… 62
　　4.3.1　第一类稳定问题的有限元分析 ………………………………… 62
　　4.3.2　第二类稳定问题的有限元分析 ………………………………… 63
　　4.3.3　支架稳定性有限元验算 ………………………………………… 63
4.4　支架沉降稳定性分析 …………………………………………………… 64
　　4.4.1　左幅钢桁梁临时支架沉降 ……………………………………… 64
　　4.4.2　右幅钢桁梁临时支架沉降 ……………………………………… 87
4.5　钢桁梁抗倾覆验算 ……………………………………………………… 101

第五章　横向顶推控制关键技术 ………………………………………… 104
5.1　引言 ……………………………………………………………………… 104
5.2　主墩上横向顶推滑道架设及布置技术 ………………………………… 105
5.3　基于 500 t 级液压千斤顶的同步顶推技术 …………………………… 107
5.4　横向顶推行程控制技术 ………………………………………………… 111
5.5　横向顶推高程及线形控制技术 ………………………………………… 111

第六章　临时墩防撞设计关键技术 ……………………………………… 113
6.1　引言 ……………………………………………………………………… 113
　　6.1.1　研究目的及意义 ………………………………………………… 113

6.1.2 关键技术主要内容 ……………………………… 114
6.2 国内外桥梁抗撞规范 ……………………………………… 114
6.3 船舶有限元模型 …………………………………………… 120
  6.3.1 500 DWT 船舶有限元模型 ……………………… 120
  6.3.2 500 DWT 船舶材料模型 ………………………… 124
  6.3.3 其他船舶模型及主要参数 ……………………… 126
6.4 船桥数值模型有效性验证 ………………………………… 129
6.5 防撞墩设计及撞击模拟计算 ……………………………… 133

第七章 基于 BIM 技术的施工信息化管理 ……………… 139

7.1 引言 ………………………………………………………… 139
  7.1.1 BIM 技术简介 …………………………………… 139
  7.1.2 BIM 技术与桥梁工程项目 ……………………… 140
7.2 基于 Revit 软件的构件参数化设计 ……………………… 140
  7.2.1 BIM 设计类软件——Revit ……………………… 140
  7.2.2 构件参数化设计 ………………………………… 141
7.3 BIM 模型建立 ……………………………………………… 142
  7.3.1 族构件建模 ……………………………………… 142
  7.3.2 全桥模型建立 …………………………………… 145
7.4 BIM 技术的施工信息化管理 ……………………………… 146

第八章 施工过程有限元分析 ……………………………… 148

8.1 有限元建模 ………………………………………………… 148
  8.1.1 模型参数 ………………………………………… 148
  8.1.2 计算模型 ………………………………………… 148
8.2 钢桁梁有限元分析 ………………………………………… 149
  8.2.1 钢桁梁支反力 …………………………………… 149
  8.2.2 钢桁梁强度分析 ………………………………… 154
8.3 支架有限元分析 …………………………………………… 155
  8.3.1 支架计算模型 …………………………………… 155

  8.3.2 施工阶段中各支架受力分析 …………………………… 156
  8.3.3 支架强度验算 …………………………………………… 158
  8.3.4 支架刚度验算 …………………………………………… 159

第九章 主要结论 ……………………………………………………… 161
 9.1 横向纠偏关键技术 ……………………………………………… 161
 9.2 稳定性及抗倾覆关键技术 ……………………………………… 162
 9.3 横向顶推控制关键技术 ………………………………………… 162
 9.4 临时墩防撞设计关键技术 ……………………………………… 163
 9.5 基于BIM技术的施工信息化管理 ……………………………… 163
 9.6 施工阶段有限元分析 …………………………………………… 164

参考文献 ………………………………………………………………… 165

第一章

工程概况

1.1 项目简介

常泰长江大桥南北公路接线工程CT-TX-2施工标段位于泰州市泰兴市张桥镇,标段起自CT-TX-1施工标段设计终点(桩号K6+100.000),向南跨西焦中沟与张圩线后经焦港村与通江村西侧,跨规划镇海路南延线,与其交叉设置张桥互通(互通范围的镇海路南延线由本项目同期实施),线路继续向南布设,经褚陈村东侧上跨规划东西干线后连续跨越羌溪河、焦土港及G345国道,于张桥镇与虹桥镇的镇界处接CT-TX-3施工标段起点(桩号K11+000.000),全长4.9 km。路基标准断面宽度为34.5 m,采用双向六车道形式,设计速度为120 km/h。

本标段主要工程为路基和桥涵工程,设互通式立体交叉1处及地方被交道路1条。其中路基填方123.6万 m^3,挖方24.3万 m^3,双向水泥搅拌桩108 305 m;桥梁工程包括主线桥梁3座,桥梁跨径总长为2 471.5 m;匝道桥8座,桥梁跨径总长为973 m。桥梁上部结构的预制箱梁和预制板梁由相邻标段预制,预制T梁、现浇箱梁和钢桁梁由本标段自行施工。小型结构物共计14处,其中圆管涵2处,通道4处,箱涵8处。结构物包含钢筋18 710 t,钢桁梁6 100 t,混凝土15.1万 m^3。

项目地理位置详见图1-1。K10+214.750主线上跨G345特大桥,从小桩号往大桩号依次跨越规划南部东西干线、焦土港(Ⅶ级航道)、羌溪河(规划Ⅴ级航道)、G345预留改线,如图1-2所示。桥梁结构的上部结构共12联,桥跨布置为2×(3×28)+(40.5+41+37)+4×(4×30)+4×35+155+4×35+2×(3×30) m,全长1 381.5 m。在K9+753.492处跨越规划南部东西干线,交叉角度为32.9°,桥梁角度为90°,行车道单幅宽

15.75 m,中央分隔带宽 3.5 m,实际净空不小于 5.0 m;在 K10+604.080 处跨越 G345 预留改线,交叉角度为 98.6°,桥梁角度为 90°,行车道宽 25.5 m,实际净空不小于 5.2 m。桥梁平面位于直线和 $R=6\,500$ m 的圆曲线上,平曲线上各墩轴线均径向布置,斜墩的布置方式为桥墩径向布置后再旋转相应角度。

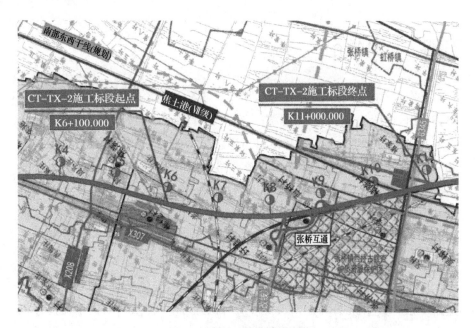

图 1-1 项目平面位置示意图

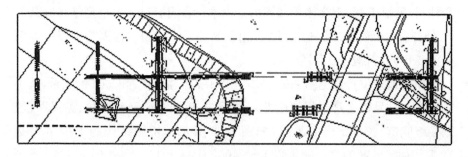

图 1-2 钢梁位置示意图

1.2 钢桁架概况

总体布置与主要结构特点：

主桥为跨度153 m的下承式简支钢桥桁梁，横向分为双幅桥，主桁中心距为18.8 m，桥面设单向2%横坡。

该桥梁为双幅钢桁架桥，单幅钢桁桥重3 175 t，两幅重6 351 t。

钢桁梁模型如图1-3所示。

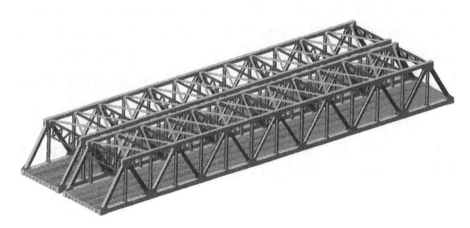

图1-3 钢桁梁模型

1.3 钢桁架结构类型

1.3.1 主桁结构

主桁采用带竖杆的华伦式桁架，标准节间长度为11.0 m，跨度为153.0 m，全长155 m，主桁高度为16.0 m，高跨比为1/9.562 5，如图1-4所示。两片主桁中心距为18.8 m，主桁宽度与跨度比为1/8.138，桥面宽度为16.775 m。主桁上、下弦杆均采用箱形截面，截面内宽均为1 200 mm，上弦高1 260 mm，上、下水平板的板厚有24 mm、28 mm、32 mm三种，竖板的板厚有24 mm、28 mm、32 mm三种。桥面横向采用单向坡，主桥横坡低侧下弦杆高 1 540 mm,横坡高侧下弦杆高 1 868 mm,下弦杆的上、下水平板的板厚有 24 mm、28 mm 两种,竖板的板厚有 24 mm、28 mm 两种。

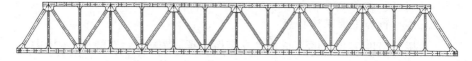

图 1-4 主桁立面

端斜杆及 E2A3 杆件采用箱形截面,端斜杆内宽为 1 200 mm,高度为 1 160 mm,板厚为 40 mm;E2A3 杆件内宽为 1 200 mm,高度为 840 mm,板厚为 32 mm、36 mm 两种;其余斜腹杆均采用焊接 H 形截面,宽度为 1 200 mm,高度为 700 mm 或 1 100 mm,最小板厚 28 mm,最大板厚为 40 mm;竖杆采用焊接 H 形截面,宽度为 1 200 mm,高度为 600 mm,腹板厚 24 mm,翼缘板厚 24 mm。

主桁节点采用焊接整体节点,节点外拼接。节段间上弦杆顶板、腹板与底板四面均采用栓接;下弦杆顶板采用焊接,其余三面均采用栓接。腹杆除箱形杆件采用四面对拼外,其余均采用插入式栓接。

1.3.2 桥面系

桥面系采用密横梁正交异性桥面板,标准横梁间距为 2.75 m,钢桥面顶板厚度为 16 mm,采用 U 形肋加劲,U 肋间距为 600 mm,U 肋顶宽为 300 mm,底宽为 200 mm,高为 300 mm,厚度为 8 mm。主桥横梁高 1 540~1 868 mm,横梁底板宽度为 500 mm,厚度为 24 mm,腹板厚 14 mm。横梁每隔一定间距设置一道竖向加劲肋,竖向加劲肋的规格为 140 mm×12 mm。钢桥面顶板与下弦杆的上盖板焊接,横梁腹板与主系腹板栓接,底板与主系杆件焊接。

每片主桁两端设球型钢支座,全桥共设 QZ-15000-GD 固定球型钢支座 1 个,QZ-15000-HX 横向活动球型钢支座 1 个,QZ-15000-ZX 纵向活动球型钢支座 1 个,QZ-15000-DX 多向活动球型钢支座 1 个。支座由厂家特殊设计加工,与钢梁底垫板通过 M30 高栓连接,安装时需注意支座活动面在垫石侧。桥面系布置图如图 1-5 所示。

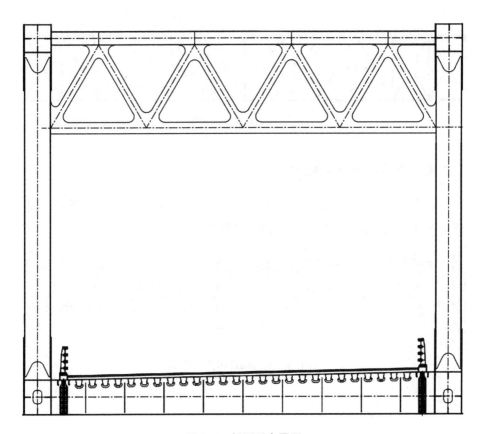

图 1-5 桥面系布置图

1.3.3 纵向联接系

主桥在上弦杆设上平联,上平联横撑为箱形截面,宽 520 mm,高 560 mm;支点处设有桁架式桥门架,其余每隔两个节间设桁架式横联,桥门架高 4.5 m,其余横联高 4.0 m,桥门架及横联下水平横撑采用工字型杆件,宽 500 mm,高 480 mm,斜撑宽 300 mm,高 480 mm,如图 1-6 和图 1-7 所示。

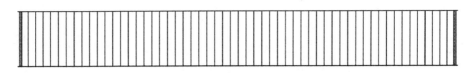

图 1-6 下横梁平面图

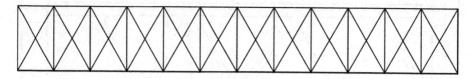

图 1-7　上平联平面图

1.3.4　桥门架及横向联接系

在桁架两端斜杆所在的斜平面设置桥门架，上弦每两个节点处设一道横向联接系，横向联接系采用三角桁架（图 1-8）。

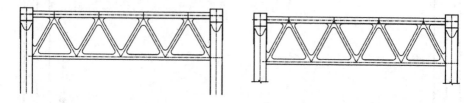

图 1-8　桥门架及横向联接系

第二章 施工方案

2.1 施工阶段划分

钢桁梁施工阶段划分具体见表2-1。

表 2-1 钢桁梁施工阶段

施工阶段	说明
CS1	主梁节段拼装支架施工,拼装前三节桁架及导梁
CS2	向前滑移25 m,导梁第一次悬臂
CS3	导梁前端上滑道,导梁受力
CS4	桁架向前滑移22 m,桁架E0'至支架前端
CS5	桁架E0'节点上滑道,桁架前端受力
CS6	继续拼装后续2个桁架节间
CS7	桁架继续滑移14 m,桁架前端2个滑块受力,导梁第二次悬臂
CS8	桁架继续滑移18 m,导梁到达第三组支架前端,成最大悬臂41 m
CS9	桁架继续滑移6 m,导梁及桁架形成最大52 m跨径
CS10	继续拼装后续2个桁架节间
CS11	桁架第二次滑移,滑移16 m,桁架E0'至第三组支架前端
CS12	桁架E0'节点上滑道,桁架前端受力
CS13	桁架继续滑移至支座位置,准备横移
CS14	桁架横移(或落梁就位)

2.2 施工流程图

常泰大桥北连接线为左右两幅钢桁架桥,施工时,采用单幅支撑结构,整体分三次进行纵向顶推滑移过河,然后再进行横移就位、落梁固定。一幅桥顶推施工完成后,再在原有的支架上拼装另一幅桥,用同样的方法进行拼装和顶推跨河施工。钢桁架梁顶推施工流程如图 2-1 所示。

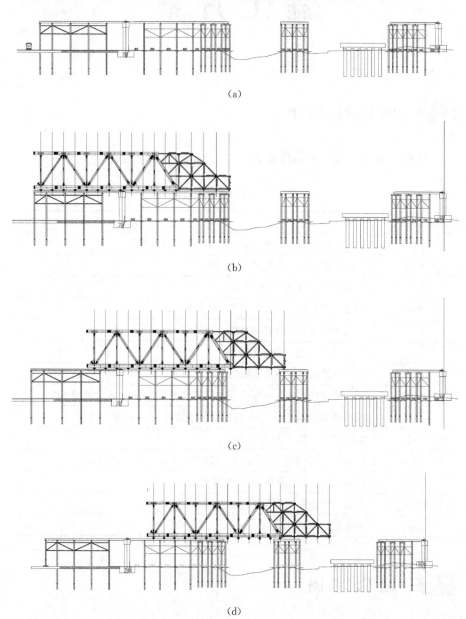

第二章 施工方案

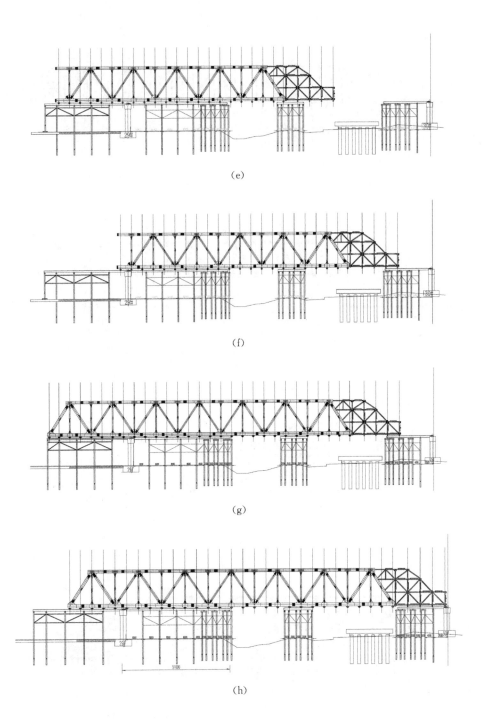

(e)

(f)

(g)

(h)

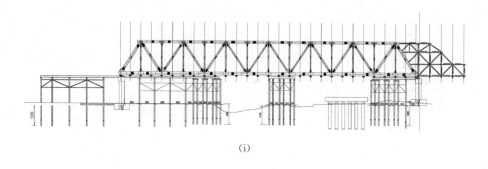

(i)

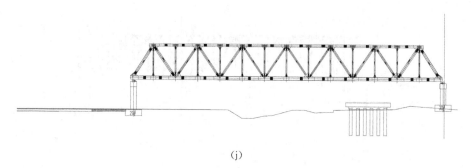

(j)

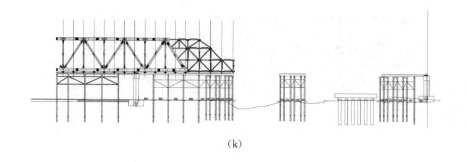

(k)

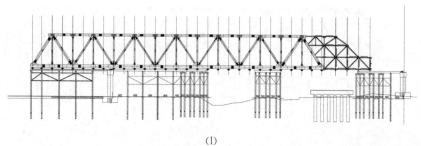

(l)

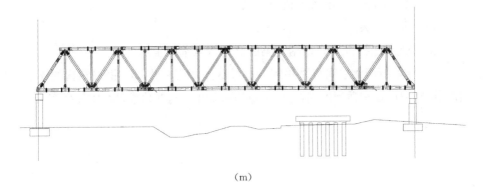

(m)

图 2-1 钢桁架梁顶推施工流程示意图

2.3 施工要求

(1) 梁段拼装场地

拼装场地宜设在桥台后方的引道或引桥上,其长度、宽度应满足梁段拼装施工作业的需要。

(2) 梁段拼装台座的设置

① 在桥头路基或引桥上设置拼装台座时,路基或引桥的强度、刚度和稳定性应满足顶推施工的要求,并应设置台座地基的防水、排水设施,以防止沉陷。在荷载作用下,台座顶面的沉降变形应不大于 2 mm。

② 台座的轴线应与桥梁轴线的延长线重合,纵坡应一致,两轴线间的偏差应不大于 5 mm;相邻两支承点上台座的滑移装置的纵向顶面高程差应不大于 2 mm;同一支承点上滑移装置的横向顶面高程差应不大于 1 mm;台座(包括滑移装置)和梁段底模板顶面高程差应不大于 2 mm。

(3) 梁体顶推到位后的落架

① 拆除墩、台上的滑移装置时,梁体的各支点应均匀顶起,其顶力应按设计支点反力的大小进行控制,顶起时相邻墩各顶点的高差应不大于 5 mm,同墩两侧梁底顶起时高差应不大于 1 mm。

② 落梁时,应按设计规定的顺序和每次的下落量分步进行,同一墩、台的千斤顶应同步运行;落梁反力的允许偏差应为±10%的设计反力。

③ 永久支座应在落梁前进行安装。

（4）其他规定

① 顶推/拖拉方式宜根据钢梁的结构特点选择确定。

② 导梁与钢梁之间宜采用焊接连接或采用螺栓连接。钢梁结构的支点和顶推施力点处宜适当加固，并应采取措施防止结构在顶推过程中发生变形。

第三章

顶推过程中横向纠偏关键技术

3.1 引言

3.1.1 研究目的及意义

在顶推过程中总会由于各种原因造成钢桁架桥梁的横向偏位,偏转力与滑道间的横向宽度成正比。偏位过大,容易造成前端导梁偏位过大无法上墩;整体线形控制不力导致钢梁局部卡死,无法再向前顶推等严重且不易处理的后果。

顶推施工钢梁横向偏位原因复杂,水平千斤顶顶进行程不一致是最主要的原因,本项目顶推系统采用分散连续顶推,在各墩主桁下均设置牵引千斤顶。虽然会对千斤顶进行周期性检验、维护、维修,但墩左、右侧每个循环仍存在微小的不同步偏差。虽然单个循环千斤顶行程相差甚小,但较小行程差值长期累积后,即会引起横向偏位。

同时,顶推系统在自动顶推之前要先进行手动调整,调整至各墩牵引力满足顶推方案要求时的位置;在自动顶推阶段出现线形变化时,也将采取手动调整顶推的措施。在手动调整阶段,左、右侧千斤顶同步性受人为因素干扰较大,并且干扰值不易被观测,不同步累积后首先造成纵向偏位,再由纵向偏位引起横向偏位。

3.1.2 关键技术主要内容

顶推过程中横向纠偏关键技术主要分为以下三点:
(1) 基于侧向千斤顶和止顶板的横向纠偏施工方法;
(2) 基于有限元模拟的钢桁梁局部屈曲控制技术;
(3) 基于混合有限元分析的钢桁梁节点受力性能研究。

3.2 基于侧向千斤顶和止顶板的横向纠偏施工方法

3.2.1 横向纠偏施工方法

为了保证梁按设计轴线滑动,纠偏及导向工作是必不可少的,而且是非常重要的工作。该项目采用纠偏装置施加推力进行纠偏,纠偏受力点应设在结构纵向长度的首尾两端和中部。在顶推行进的同时用全站仪或经纬仪在钢梁的前后方间断观测控制桥梁中轴线,随时检查桁架中心线的偏离量。发现主桁架桥梁中轴线偏离设计中轴线 5 cm 以内,无须停机纠偏。如发现有较大偏离,偏位达到 20 cm,随即停止顶推,则由油压千斤顶进行顶伸纠偏,即将千斤顶布设在尾部或侧面进行纠偏(侧向千斤顶及止顶板布设原理同横移施工)。必要时也可调节单侧连续顶推滑移千斤顶的拉索和拉力来控制和纠偏(用于偏差较大时),以确保钢梁在直线上顶推前进。

顶推过程中若产生横向偏位,则需要对钢桁架梁进行位置调整,本方案考虑在钢桁架梁侧面下弦杆节点处的滑靴支撑点处设置水平千斤顶进行纠偏,千斤顶及限位止顶板均设置在临时支架的横向滑道梁上,纠偏时千斤顶及限位止顶板设置如图 3-1～图 3-3 所示。

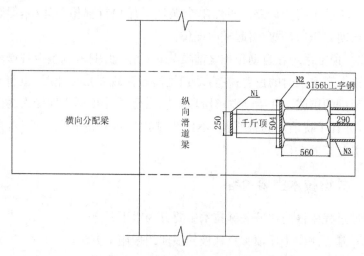

图 3-1 纠偏平面布置(单位:mm)

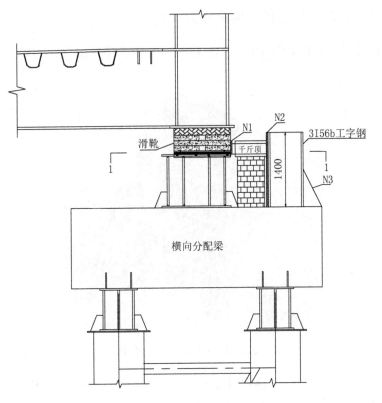

图 3-2 纠偏立面布置

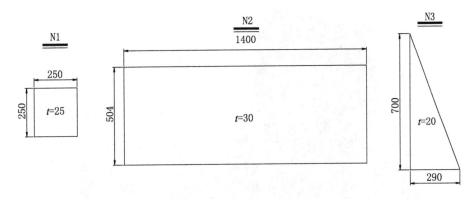

图 3-3 大样 N1、N2、N3

3.2.2 侧向千斤顶和止顶板受力模拟计算

顶推反力限位采用 MIDAS 建立模型,如图 3-4 所示。

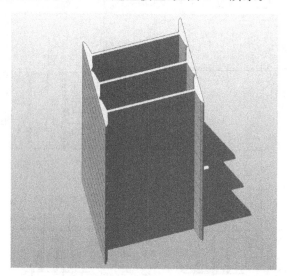

图 3-4 顶推反力限位模型

在最大荷载工况下,横移时每台千斤顶产生的反力为 700 kN。通过计算分析,结果如图 3-5、图 3-6 所示。

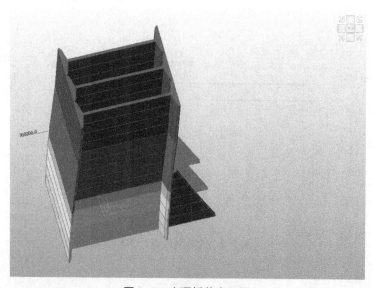

图 3-5 止顶板剪力云图

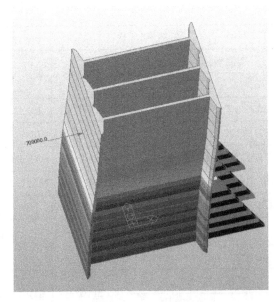

图 3-6 止顶板弯矩云图

抗剪强度为 0~33.95 MPa，小于 125 MPa，符合要求。

抗弯强度为 -46.16~0 MPa，小于 215 MPa，符合要求。

3.2.3 钢桁梁横向偏位实测

主梁轴线偏位是反映钢桁梁结构变形的一个重要指标。在钢桁梁顶推施工时，在右幅导梁前端两侧和钢桁梁 12#、17# 截面两侧各设一个偏位测点，每次顶推结束后测量一次主梁轴线的坐标，计算测点的偏距与误差，并根据计算结果及时调整。

（1）左幅钢桁梁顶推过程中轴线偏位（表 3-1）

表中空白表示未测到数据。

表 3-1　CT-TX-2 钢桁梁顶推过程中轴线偏位检查记录表（左幅）

观测人：　　　　　　　　　　　　　　　　　　　日期：2022-12-13

点号	第 1 次						备注
	实测坐标			里程/m	偏距/m	观测时间	
	X	Y	Z				
1	3 552 783.389	507 469.594	20.976	10 387.51	1.032	17:00	

(续表)

点号	第 1 次			里程/m	偏距/m	观测时间	备注
	实测坐标						
	X	Y	Z				
2	3 552 793.962	507 454.057	21.304	10 387.51	19.825	17:00	
3	3 552 739.661	507 418.919	20.06	10 452.18	18.326		
4	3 552 730.769	507 431.98	19.745	10 452.18	2.526		
5	3 552 716.733	507 401.581 8	18.776	10 480.88	19.761		
6	3 552 706.374	507 417.168 2	19.293	10 480.68	1.047		

观测人： 日期：2022-12-14

点号	第 2 次			里程/m	偏距/m	观测时间	备注
	实测坐标						
	X	Y	Z				
1	3 552 781.943	507 468.69	20.957	10 389.22	0.966	16:00	
2	3 552 792.469	507 453.116	21.286	10 389.28	19.763		
3	3 552 738.082	507 417.774	20.042	10 454.12	18.385		
4	3 552 729.09	507 430.758	19.725	10 454.25	2.592		
5	3 552 712.043	507 398.212	18.753	10 486.66	19.908		
6	3 552 701.83	507 413.905	19.269	10 486.27	1.189		

观测人： 日期：2022-12-15

点号	第 3 次			里程/m	偏距/m	观测时间	备注
	实测坐标						
	X	Y	Z				
1	3 552 778.443	507 466.342 6	20.915	10 393.43	0.937	8:30	
2	3 552 789.001	507 450.785 2	21.243	10 393.46	19.739		
3	3 552 734.779	507 415.492	20.002	10 458.14	18.413		
4	3 552 725.879	507 428.541	19.684	10 458.16	2.616		
5	3 552 711.88	507 398.143	18.743	10 486.83	19.874		
6	3 552 701.686	507 413.849	19.257	10 486.42	1.154		

(续表)

点号	实测坐标			里程/m	偏距/m	观测时间	备注
	第 4 次						
	X	Y	Z				
1	3 552 778.099	507 466.067 5	20.913	10 393.87	0.971	9:00	
2	3 552 788.711	507 450.558 9	21.241	10 393.82	19.763		
3	3 552 734.449	507 415.298	20	10 458.52	18.388		
4	3 552 725.516	507 428.33	19.682	10 458.57	2.588		
5	3 552 711.558	507 397.987	18.741	10 487.18	19.822		
6	3 552 701.477	507 413.752	19.254	10 486.65	1.117		
	第 5 次						
点号	实测坐标			里程/m	偏距/m	观测时间	备注
	X	Y	Z				
1	3 552 776.442	507 464.958	20.881	10 395.87	0.956	9:20	
2	3 552 786.896	507 449.342	21.217	10 396.01	19.748		
3	3 552 732.669	507 414.046	19.968	10 460.7	18.422		
4	3 552 723.940	507 427.217	19.655	10 460.5	2.622		
5	3 552 709.687	507 396.630	18.709	10 489.49	19.891		
6	3 552 699.484	507 412.326	19.226	10 489.1	1.174		
	第 6 次						
点号	实测坐标			里程/m	偏距/m	观测时间	备注
	X	Y	Z				
1	3 552 774.967	507 463.904	20.857	10 397.68	0.998	9:40	
2	3 552 785.479	507 448.314	21.196	10 397.76	19.801		
3	3 552 731.238	507 413.196	19.949	10 462.36	18.319		
4	3 552 722.254	507 426.186	19.637	10 462.48	2.526		
5	3 552 707.947	507 395.636	18.684	10 491.49	19.734		
6	3 552 697.866	507 411.418	19.205	10 490.95	1.015		

(续表)

点号	实测坐标			里程/m	偏距/m	观测时间	备注
	X	Y	Z				
第 7 次							
1	3 552 774.189	507 463.363	20.845	10 398.63	1.007	10:20	
2	3 552 784.860	507 447.884	21.188	10 398.51	19.808		
3	3 552 730.447	507 412.658	19.934	10 463.31	18.319		
4	3 552 721.600	507 425.749	19.626	10 463.26	2.519		
5	3 552 707.424	507 395.314	18.671	10 492.11	19.706		
6	3 552 697.190	507 410.994	19.193	10 491.75	0.985		
第 8 次							
1	3 552 772.448	507 462.170	20.820	10 400.74	1.014	10:40	5号点被挡住
2	3 552 783.211	507 446.752	21.165	10 400.51	19.816		
3	3 552 728.951	507 411.685	19.911	10 465.5	18.318		
4	3 552 720.239	507 424.860	19.603	10 464.89	2.488		
5							
6	3 552 696.320	507 410.347	19.178	10 492.83	1.031		
第 9 次							
1	3 552 771.780	507 461.664	20.804	10 401.57	1.057	11:00	5号点被挡住
2	3 552 782.293	507 446.063	21.149	10 401.66	19.869		
3	3 552 727.977	507 411.030	19.896	10 466.27	18.275		
4	3 552 719.041	507 424.048	19.586	10 466.34	2.486		
5							
6	3 552 694.677	507 409.324	19.153	10 494.76	0.952		

(续表)

点号	实测坐标			里程/m	偏距/m	观测时间	备注
	X	Y	Z				
第 10 次							
1	3 552 770.172	507 460.586	20.779	10 403.51	1.043	11:20	5号点被挡住
2	3 552 780.676	507 444.965	21.120	10 403.61	19.867		
3	3 552 726.229	507 409.836	19.868	10 468.39	18.279		
4	3 552 717.416	507 422.948	19.562	10 468.3	2.481		
5							
6	3 552 693.228	507 408.363	19.133	10 496.5	0.931		
第 11 次							
1	3 552 768.466	507 459.355	20.774	10 405.61	1.102	13:30	
2	3 552 779.094	507 443.855	21.115	10 405.55	19.895		
3	3 552 724.354	507 408.587	19.864	10 470.64	18.257		
4	3 552 715.562	507 421.702	19.557	10 470.53	2.468		
5	3 552 702.007	507 391.711	18.614	10 498.61	19.637		
6	3 552 691.922	507 407.493	19.138	10 498.07	0.916		
第 12 次							
1	3 552 767.754	507 458.861	20.762	10 406.48	1.109	13:50	
2	3 552 778.342	507 443.347	21.103	10 406.45	19.892		
3	3 552 723.581	507 408.069	19.850	10 471.57	18.250		
4	3 552 714.726	507 424.153	19.548	10 471.53	2.452		
5	3 552 700.587	507 390.142	18.580	10 500.33	19.639		
6	3 552 690.357	507 406.413	19.106	10 499.97	0.928		

(续表)

点号	实测坐标			里程/m	偏距/m	观测时间	备注
	X	Y	Z				
第 13 次							
1	3 552 766.888	507 458.297	20.748	10 407.51	1.088	14:00	
2	3 552 777.500	507 442.796	21.085	10 407.46	19.874		
3	3 552 722.741	507 407.478	19.833	10 472.6	18.266		
4	3 552 713.770	507 420.480	19.522	10 472.7	2.470		
5	3 552 699.556	507 390.003	18.562	10 501.6	19.670		
6	3 552 689.445	507 405.759	19.084	10 501.09	0.956		

点号	实测坐标			里程/m	偏距/m	观测时间	备注
	X	Y	Z				
第 14 次							
1	3 552 764.499	507 456.653	20.702	10 410.41	1.103	14:35	
2	3 552 775.013	507 441.083	21.041	10 410.48	19.891		
3	3 552 720.380	507 405.885	19.796	10 475.45	18.255		
4	3 552 711.517	507 418.971	19.488	10 475.41	2.450		
5	3 552 697.254	507 388.458	18.526	10 504.37	19.653		
6	3 552 687.086	507 404.182	19.047	10 503.93	0.933		

点号	实测坐标			里程/m	偏距/m	观测时间	备注
	X	Y	Z				
第 15 次							
1	3 552 763.197	507 455.788	20.692	10 411.97	1.086	14:55	
2	3 552 773.732	507 440.219	21.032	10 412.02	19.884		
3	3 552 719.075	507 404.986	19.779	10 477.03	18.264		
4	3 552 710.275	507 418.109	19.470	10 476.92	2.464		
5	3 552 696.031	507 387.614	18.509	10 505.86	19.662		
6	3 552 685.808	507 403.293	19.031	10 505.49	0.949		

（续表）

点号	实测坐标			里程/m	偏距/m	观测时间	备注
	\multicolumn{3}{c}{第 16 次}				
	X	Y	Z				
1	3 552 761.540	507 454.611	20.661	10 414.01	1.127	15:30	
2	3 552 772.145	507 439.082	20.998	10 413.98	19.932		
3	3 552 717.289	507 403.821	19.747	10 479.16	18.223		
4	3 552 708.398	507 416.878	19.429	10 479.17	2.426		
5	3 552 694.282	507 386.506	18.482	10 507.93	19.594		
6	3 552 684.130	507 402.236	18.996	10 507.47	0.878		

点号	实测坐标			里程/m	偏距/m	观测时间	备注
	\multicolumn{3}{c}{第 17 次}				
	X	Y	Z				
1	3 552 760.516	507 453.928	20.638	10 415.24	1.115	15:50	
2	3 552 771.111	507 438.396	20.974	10 415.22	19.917		
3	3 552 716.261	507 403.112	19.728	10 480.41	18.230		
4	3 552 707.401	507 416.189	19.417	10 480.38	2.435		
5	3 552 693.405	507 385.898	18.468	10 508.99	19.604		
6	3 552 683.193	507 401.589	18.982	10 508.61	0.886		

点号	实测坐标			里程/m	偏距/m	观测时间	备注
	\multicolumn{3}{c}{第 18 次}				
	X	Y	Z				
1	3 552 759.873	507 453.495	20.625	10 416.01	1.112	16:10	
2	3 552 770.473	507 437.967	20.965	10 415.98	19.913		
3	3 552 716.030	507 402.989	19.721	10 480.68	18.197		
4	3 552 707.151	507 416.059	19.410	10 480.66	2.401		
5	3 552 692.996	507 385.695	18.459	10 509.45	19.541		
6	3 552 682.863	507 401.440	18.975	10 508.97	0.824		

(续表)

点号	实测坐标			里程/m	偏距/m	观测时间	备注
	X	Y	Z				
第 19 次							
1	3 552 759.393	507 453.202	20.618	10 416.57	1.084	16:30	
2	3 552 769.985	507 437.673	20.959	10 416.55	19.881		
3	3 552 715.409	507 402.556	19.713	10 481.43	18.211		
4	3 552 706.620	507 415.684	19.403	10 481.31	2.413		
5	3 552 692.628	507 385.414	18.453	10 509.91	19.567		
6	3 552 682.432	507 401.111	18.968	10 509.51	0.853		

点号	实测坐标			里程/m	偏距/m	观测时间	备注
	X	Y	Z				
第 20 次							
1	3 552 758.915	507 452.928	20.607	10 417.12	1.042	16:40	
2	3 552 769.424	507 437.333	20.945	10 417.21	19.847		
3	3 552 714.817	507 402.126	19.705	10 482.16	18.233		
4	3 552 705.813	507 415.145	19.392	10 482.23	2.438		
5	3 552 691.662	507 384.680	18.437	10 511.12	19.630		
6	3 552 681.545	507 400.438	18.954	10 510.62	0.911		

点号	实测坐标			里程/m	偏距/m	观测时间	备注
	X	Y	Z				
第 21 次							
1	3 552 757.498	507 451.985	20.532	10 418.83	1.024	17:00	
2	3 552 768.029	507 436.417	20.884	10 418.88	19.819		
3	3 552 713.681	507 401.349	19.607	10 483.54	18.236		
4	3 552 704.813	507 414.424	19.365	10 483.51	2.437		
5	3 552 690.707	507 384.043	18.413	10 512.27	19.619		
6	3 552 680.550	507 399.770	18.927	10 511.82	0.903		

(续表)

观测人：　　　　　　　　　　　　　　　　　　　　　　　日期：2022-12-16

点号	实测坐标			里程/m	偏距/m	观测时间	备注
	X	Y	Z				
第 22 次							
1	3 552 754.676	507 450.089	20.527	10 422.23	1.004	8:20	
2	3 552 765.215	507 434.545	20.865	10 422.26	19.784		
3	3 552 710.859	507 399.401	19.592	10 486.97	18.259		
4	3 552 701.983	507 412.468	19.281	10 486.95	2.463		
5	3 552 687.916	507 382.060	18.335	10 515.7	19.697		
6	3 552 677.747	507 397.780	18.857	10 515.25	0.971		

观测人：　　　　　　　　　　　　　　　　　　　　　　　日期：2022-12-17

点号	实测坐标			里程/m	偏距/m	观测时间	备注
	X	Y	Z				
第 23 次							
1	3 552 746.550	507 444.545	20.404	10 432.06	1.016	10:00	
2	3 552 757.112	507 429.016	20.733	10 432.07	19.796		
3	3 552 702.825	507 393.987	19.476	10 496.65	18.216		
4	3 552 693.937	507 407.041	19.158	10 496.66	2.423		
5	3 552 680.304	507 376.958	18.231	10 524.85	19.624		
6	3 552 670.142	507 392.682	18.746	10 524.41	0.908		

点号	实测坐标			里程/m	偏距/m	观测时间	备注
	X	Y	Z				
第 24 次							
1	3 552 845.690	507 444.037	20.388	10 433.06	0.952	10:35	
2	3 552 756.324	507 428.570	20.725	10 432.97	19.722		
3	3 552 702.121	507 393.442	19.474	10 497.54	18.270		
4	3 552 693.284	507 406.544	19.159	10 497.48	2.467		
5	3 552 678.968	507 375.906	18.217	10 526.55	19.742		
6	3 552 668.796	507 381.630	18.734	10 526.11	1.020		

(续表)

| 点号 | 第 25 次 ||||| 观测时间 | 备注 |
||实测坐标 ||| 里程/m | 偏距/m |||
	X	Y	Z					
1	3 552 744.749	507 443.402	20.371	10 434.19	0.948	10:50	
2	3 552 755.274	507 427.848	20.708	10 434.24	19.728		
3	3 552 700.887	507 392.583	19.458	10 499.05	18.286		
4	3 552 691.926	507 405.598	19.142	10 499.13	2.485		
5	3 552 678.342	507 375.461	18.208	10 527.32	19.758		
6	3 552 668.075	507 391.105	18.722	10 527.01	1.049		

观测人：　　　　　　　　　　　　　　　　　　　　日期：2022-12-18

| 点号 | 第 26 次 ||||| 观测时间 | 备注 |
||实测坐标 ||| 里程/m | 偏距/m |||
	X	Y	Z					
1	3 552 743.227	507 442.243	20.322	10 436.1	1.050	15:50	
2	3 552 753.801	507 426.744	20.662	10 436.08	19.812		
3	3 552 699.489	507 391.588	19.430	10 500.76	18.322		
4	3 552 690.607	507 404.658	19.110	10 500.75	2.520		
5	3 552 676.554	507 374.250	18.179	10 529.48	19.754		
6	3 552 666.375	507 389.959	18.695	10 529.06	1.040		

观测人：　　　　　　　　　　　　　　　　　　　　日期：2023-2-9

| 点号 | 第 27 次 ||||| 观测时间 | 备注 |
||实测坐标 ||| 里程/m | 偏距/m |||
	X	Y	Z					
1	3 552 666.375	507 389.961	18.670	10 529.054	1.038	8:30	
2	3 552 676.555	507 374.25	18.155	10 529.476	19.754		
3	3 552 688.477	507 403.207	19.015	10 503.329	2.521		
4	3 552 697.333	507 390.144	19.328	10 503.356	18.303		
5	3 552 732.536	507 433.159	20.059	10 450.053	2.545		
6	3 552 741.674	507 420.305	20.379	10 449.730	18.313		
7	3 552 769.379	507 458.254	20.644	10 405.476	2.525		
8	3 552 778.292	507 445.242	20.984	10 405.427	18.297		

（续表）

观测人：　　　　　　　　　　　　　　　　　　日期：2023-2-17

点号	第 28 次						备注
	实测坐标			里程/m	偏距/m	观测时间	
	X	Y	Z				
1	3 552 661.831	507 386.941	18.597	10 534.510	0.978	9:00	
2	3 552 671.961	507 371.191	18.073	10 534.995	19.699		
3	3 552 683.008	507 399.538	18.943	10 509.915	2.478		
4	3 552 691.806	507 386.443	19.25	10 510.008	18.253		
5	3 552 726.843	507 429.337	19.979	10 456.910	2.502		
6	3 552 736.021	507 416.509	20.303	10 456.539	18.271		
7							
8	3 552 772.423	507 441.288	20.91	10 412.504	18.264		

点号	第 29 次						备注
	实测坐标			里程/m	偏距/m	观测时间	
	X	Y	Z				
1	3 552 658.801	507 384.830	18.550	10 538.202	1.019	10:00	
2	3 552 669.003	507 369.131	18.027	10 538.600	19.737		
3	3 552 680.445	507 347.775	18.902	10 541.155	43.830		
4							
5	3 552 724.809	507 427.921	19.951	10 459.389	2.529		
6	3 552 733.872	507 415.029	20.269	10 459.149	18.286		
7							
8	3 552 770.707	507 440.122	20.882	10 414.579	18.263		

点号	第 30 次						备注
	实测坐标			里程/m	偏距/m	观测时间	
	X	Y	Z				
1	3 552 657.317	507 383.861	18.526	10 539.974	0.985	10:30	
2	3 552 667.498	507 368.147	17.998	10 540.398	19.704		
3	3 552 679.427	507 397.088	18.886	10 514.254	2.489		
4							
5	3 552 723.489	507 427.039	19.927	10 460.976	2.515		
6	3 552 732.629	507 414.187	20.252	10 460.650	18.282		
7							
8	3 552 769.243	507 439.119	20.851	10 416.353	18.268		

(续表)

点号	实测坐标			里程/m	偏距/m	观测时间	备注
	第 31 次						
	X	Y	Z				
1	3 552 654.934	507 382.241	18.495	10 542.856	0.984	11:00	
2	3 552 665.182	507 366.575	17.963	10 543.197	19.701		
3							
4	3 552 685.409	507 382.066	19.156	10 517.759	18.273		
5	3 552 720.747	507 425.171	19.886	10 464.294	2.517		
6	3 552 729.952	507 412.371	20.200	10 463.885	18.278		
7							
8							

观测人： 日期：2023-2-18

点号	实测坐标			里程/m	偏距/m	观测时间	备注
	第 32 次						
	X	Y	Z				
1	3 552 653.363	507 381.147	18.472	10 544.770	1.005	9:30	
2	3 552 663.543	507 365.434	17.939	10 545.194	19.722		
3							
4	3 552 684.173	507 381.208	19.136	10 519.264	18.287		
5	3 552 719.373	507 424.217	19.863	10 465.967	2.533		
6	3 552 728.530	507 411.380	20.180	10 465.618	18.297		
7							
8							

点号	实测坐标			里程/m	偏距/m	观测时间	备注
	第 33 次						
	X	Y	Z				
1	3 552 652.654	507 380.670	18.458	10 545.625	1.000	10:00	
2	3 552 662.834	507 364.957	17.929	10 546.048	19.718		
3							
4	3 552 683.632	507 380.846	19.128	10 519.915	18.282		
5	3 552 718.823	507 423.852	19.854	10 466.627	2.525		
6	3 552 727.965	507 410.993	20.173	10 466.303	18.299		
7							
8							

(续表)

点号	实测坐标			里程/m	偏距/m	观测时间	备注
	X	Y	Z				
第 34 次							
1	3 552 650.709	507 379.384	18.421	10 547.956	0.969	10:30	
2	3 552 660.772	507 363.597	17.895	10 548.518	19.682		
3							
4							
5	3 552 716.677	507 422.392	19.819	10 469.222	2.525		
6	3 552 725.738	507 409.497	20.137	10 468.985	18.283		
7							
8							

观测人： 日期：2023-2-19

点号	实测坐标			里程/m	偏距/m	观测时间	备注
	X	Y	Z				
第 35 次							
1	3 552 643.680	507 374.586	18.321	10 556.467	0.981	10:00	
2	3 552 653.856	507 358.867	17.786	10 556.897	19.702		
3	3 552 665.794	507 387.808	18.688	10 530.746	2.491		
4	3 552 674.661	507 374.757	18.993	10 530.757	18.269		
5	3 552 709.870	507 417.744	19.730	10 477.465	2.538		
6	3 552 719.003	507 404.891	20.048	10 477.145	18.302		
7							
8							

点号	实测坐标			里程/m	偏距/m	观测时间	备注
	X	Y	Z				
第 36 次							
1	3 552 642.567	507 373.868	18.295	10 557.791	0.949	10:30	
2	3 552 652.739	507 358.147	17.761	10 558.225	19.669		
3	3 552 664.685	507 387.084	18.673	10 532.070	2.466		
4	3 552 673.551	507 374.026	18.970	10 532.086	18.249		
5	3 552 708.772	507 417.015	19.711	10 478.783	2.523		
6	3 552 717.905	507 404.157	20.062	10 478.466	18.291		
7							
8							

(续表)

<table>
<tr><th rowspan="2">点号</th><th colspan="5">第 37 次</th><th rowspan="2">备注</th></tr>
<tr><th colspan="3">实测坐标</th><th rowspan="1">里程/m</th><th rowspan="1">偏距/m</th><th rowspan="1">观测时间</th></tr>
<tr><td></td><td>X</td><td>Y</td><td>Z</td><td></td><td></td><td></td><td></td></tr>
<tr><td>1</td><td>3 552 641.510</td><td>507 373.041</td><td>18.278</td><td>10 559.130</td><td>1.038</td><td rowspan="8">11:30</td><td></td></tr>
<tr><td>2</td><td>3 552 651.347</td><td>507 357.208</td><td>17.737</td><td>10 559.904</td><td>19.662</td><td></td></tr>
<tr><td>3</td><td>3 552 663.031</td><td>507 385.922</td><td>18.653</td><td>10 534.091</td><td>2.496</td><td></td></tr>
<tr><td>4</td><td></td><td></td><td></td><td></td><td></td><td></td></tr>
<tr><td>5</td><td>3 552 707.229</td><td>507 415.949</td><td>19.682</td><td>10 480.658</td><td>2.536</td><td></td></tr>
<tr><td>6</td><td>3 552 716.298</td><td>507 403.045</td><td>19.998</td><td>10 480.420</td><td>18.307</td><td></td></tr>
<tr><td>7</td><td></td><td></td><td></td><td></td><td></td><td></td></tr>
<tr><td>8</td><td></td><td></td><td></td><td></td><td></td><td></td></tr>
</table>

观测人： 日期：2023-2-20

<table>
<tr><th rowspan="2">点号</th><th colspan="5">第 38 次</th><th rowspan="2">备注</th></tr>
<tr><th colspan="3">实测坐标</th><th>里程/m</th><th>偏距/m</th><th>观测时间</th></tr>
<tr><td></td><td>X</td><td>Y</td><td>Z</td><td></td><td></td><td></td><td></td></tr>
<tr><td>1</td><td>3 552 633.808</td><td>507 367.826</td><td>18.146</td><td>10 568.431</td><td>1.016</td><td rowspan="8">15:00</td><td></td></tr>
<tr><td>2</td><td>3 552 643.985</td><td>507 352.108</td><td>17.627</td><td>10 568.860</td><td>19.737</td><td></td></tr>
<tr><td>3</td><td>3 552 655.921</td><td>507 381.055</td><td>18.517</td><td>10 542.707</td><td>2.520</td><td></td></tr>
<tr><td>4</td><td>3 552 664.792</td><td>507 368.005</td><td>18.822</td><td>10 542.715</td><td>18.299</td><td></td></tr>
<tr><td>5</td><td></td><td></td><td></td><td></td><td></td><td></td></tr>
<tr><td>6</td><td>3 552 709.125</td><td>507 398.149</td><td>19.876</td><td>10 489.104</td><td>18.319</td><td></td></tr>
<tr><td>7</td><td></td><td></td><td></td><td></td><td></td><td></td></tr>
<tr><td>8</td><td></td><td></td><td></td><td></td><td></td><td></td></tr>
</table>

观测人： 日期：2023-3-17

<table>
<tr><th rowspan="2">点号</th><th colspan="5">第 39 次</th><th rowspan="2">备注</th></tr>
<tr><th colspan="3">实测坐标</th><th>里程/m</th><th>偏距/m</th><th>观测时间</th></tr>
<tr><td></td><td>X</td><td>Y</td><td>Z</td><td></td><td></td><td></td><td></td></tr>
<tr><td>1</td><td>3 552 664.801</td><td>507 367.996</td><td>18.805</td><td>10 542.712</td><td>18.312</td><td rowspan="8">16:00</td><td></td></tr>
<tr><td>2</td><td>3 552 655.923</td><td>507 381.054</td><td>18.491</td><td>10 542.706</td><td>2.522</td><td></td></tr>
<tr><td>3</td><td>3 552 727.569</td><td>507 410.718</td><td>20.189</td><td>10 466.785</td><td>18.304</td><td></td></tr>
<tr><td>4</td><td>3 552 718.680</td><td>507 423.735</td><td>19.871</td><td>10 466.81</td><td>2.541</td><td></td></tr>
<tr><td>5</td><td>3 552 790.236</td><td>507 453.373</td><td>20.832</td><td>10 390.978</td><td>18.294</td><td></td></tr>
<tr><td>6</td><td>3 552 781.380</td><td>507 466.446</td><td>20.515</td><td>10 390.945</td><td>2.504</td><td></td></tr>
<tr><td>7</td><td></td><td></td><td></td><td></td><td></td><td></td></tr>
<tr><td>8</td><td></td><td></td><td></td><td></td><td></td><td></td></tr>
</table>

(续表)

观测人：　　　　　　　　　　　　　　　　　　　　　　　　　日期：2023-3-19

点号	第 40 次			里程/m	偏距/m	观测时间	备注
	实测坐标						
	X	Y	Z				
1	3 552 664.130	507 367.563	18.784	10 543.51	18.292	14:30	
2							
3	3 552 726.914	507 410.270	20.178	10 467.578	18.306		
4							
5	3 552 789.588	507 452.927	20.813	10 391.765	18.298		
6	3 552 780.733	507 465.997	20.496	10 391.733	2.511		
7							
8							

点号	第 41 次			里程/m	偏距/m	观测时间	备注
	实测坐标						
	X	Y	Z				
1	3 552 662.798	507 366.695	18.760	10 545.1	18.261	15:41	
2							
3	3 552 725.438	507 409.292	20.148	10 469.349	18.284		
4							
5	3 552 787.989	507 451.853	20.790	10 393.691	18.287		
6	3 552 779.086	507 464.897	20.473	10 393.713	2.494		
7							
8							

点号	第 42 次			里程/m	偏距/m	观测时间	备注
	实测坐标						
	X	Y	Z				
1	3 552 661.999	507 366.165	18.754	10 546.059	18.249	17:03	
2							
3	3 552 724.601	507 408.729	20.145	10 470.323	18.278		
4	3 552 715.612	507 421.677	19.825	10 470.505	2.517		
5	3 552 787.039	507 451.223	20.722	10 394.831	18.273		
6	3 552 778.117	507 464.254	20.454	10 394.876	2.481		
7							
8							

(续表)

观测人：　　　　　　　　　　　　　　　　　　　　　　日期：2023-3-19

点号	第 43 次			里程/m	偏距/m	观测时间	备注
	实测坐标						
	X	Y	Z				
1	3 552 660.956	507 365.461	18.741	10 547.317	18.245	17:30	
2							
3	3 552 723.754	507 408.144	20.121	10 471.387	18.286		
4	3 552 714.863	507 421.175	19.812	10 471.406	2.510		
5	3 552 786.433	507 450.787	20.765	10 395.577	18.293		
6	3 552 777.577	507 463.865	20.443	10 395.541	2.498		
7							
8							

观测人：　　　　　　　　　　　　　　　　　　　　　　日期：2023-3-20

点号	第 44 次			里程/m	偏距/m	观测时间	备注
	实测坐标						
	X	Y	Z				
1	3 552 660.270	507 365.037	18.736	10 548.125	18.213	8:22	
2							
3	3 552 723.074	507 407.699	20.114	10 472.199	18.271		
4	3 552 714.194	507 420.720	19.797	10 472.215	2.510		
5	3 552 785.765	507 450.313	20.758	10 396.396	18.309		
6	3 552 776.915	507 463.394	20.438	10 396.354	2.515		
7							
8							

点号	第 45 次			里程/m	偏距/m	观测时间	备注
	实测坐标						
	X	Y	Z				
1	3 552 658.928	507 364.154	18.712	10 549.729	18.184	9:03	
2							
3	3 552 721.747	507 406.796	20.091	10 473.804	18.271		
4	3 552 712.871	507 419.821	19.775	10 473.815	2.509		
5	3 552 784.451	507 449.394	20.735	10 397.999	18.329		
6	3 552 775.608	507 462.472	20.415	10 397.953	2.542		
7							
8							

(续表)

点号	第 46 次						
	实测坐标			里程/m	偏距/m	观测时间	备注
	X	Y	Z				
1	3 552 658.162	507 363.613	18.703	10 550.667	18.201	10:07	
2							
3	3 552 720.968	507 406.280	20.082	10 474.739	18.259		
4	3 552 712.091	507 419.298	19.764	10 474.754	2.503		
5	3 552 774.817	507 461.965	20.405	10 398.892	2.516		
6	3 552 783.665	507 448.888	20.725	10 398.934	18.306		
7							
8							

点号	第 47 次						
	实测坐标			里程/m	偏距/m	观测时间	备注
	X	Y	Z				
1	3 552 658.061	507 363.548	18.695	10 550.787	18.198	10:55	
2							
3	3 552 720.748	507 406.123	20.075	10 475.009	18.265		
4	3 552 711.808	507 419.107	19.756	10 475.095	2.501		
5	3 552 783.215	507 448.590	20.715	10 399.474	18.299		
6	3 552 774.416	507 461.705	20.397	10 399.37	2.506		
7							
8							

点号	第 48 次						
	实测坐标			里程/m	偏距/m	观测时间	备注
	X	Y	Z				
1	3 552 653.796	507 360.665	18.622	10 555.935	18.182	14:30	
2							
3	3 552 716.741	507 403.395	20.012	10 479.856	18.266		
4	3 552 707.861	507 416.427	19.692	10 479.866	2.497		
5	3 552 779.444	507 446.003	20.655	10 404.047	18.316		
6	3 552 770.599	507 459.081	20.332	10 404.002	2.528		
7							
8							

(续表)

点号	实测坐标			里程/m	偏距/m	观测时间	备注
	X	Y	Z				
	第 49 次
1	3 552 652.322	507 359.658	18.604	10 557.72	18.185	15:08	
2							
3	3 552 715.141	507 402.306	19.986	10 481.793	18.266		
4	3 552 706.261	507 415.333	19.666	10 481.804	2.501		
5	3 552 777.841	507 444.914	20.625	10 405.985	18.315		
6	3 552 768.994	507 457.995	20.303	10 405.94	2.523		
7							
8							

点号	实测坐标			里程/m	偏距/m	观测时间	备注
	X	Y	Z				
	第 50 次
1	3 552 651.442	50 759.049	18.583	10 558.79	18.193	15:45	
2							
3	3 552 714.252	507 401.709	19.970	10 482.863	18.260		
4	3 552 705.376	507 414.726	19.652	10 482.878	2.505		
5	3 552 776.948	507 444.323	20.607	10 407.655	18.301		
6	3 552 768.100	507 457.401	20.285	10 407.014	2.510		
7							
8							

点号	实测坐标			里程/m	偏距/m	观测时间	备注
	X	Y	Z				
	第 51 次
1	3 552 650.550	507 358.439	18.571	10 559.871	18.196	16:31	
2							
3	3 552 713.243	507 401.011	19.951	10 484.089	18.270		
4	3 552 704.281	507 413.981	19.636	10 484.202	2.505		
5	3 552 775.699	507 443.471	20.590	10 408.567	18.302		
6	3 552 766.915	507 456.588	20.268	10 408.45	2.516		
7							
8							

(续表)

点号	实测坐标			里程/m	偏距/m	观测时间	备注
	第 52 次						
	X	Y	Z				
1	3 552 649.936	507 358.013	18.559	10 560.618	18.203		
2							
3	3 552 712.742	507 400.677	19.845	10 484.692	18.264		
4	3 552 703.866	507 413.695	19.633	10 484.706	2.508	17:23	
5	3 552 775.439	507 443.290	20.586	10 408.883	18.305		
6	3 552 766.591	507 456.368	20.267	10 408.842	2.516		
7							
8							

观测人：   日期：2023-3-21

点号	实测坐标			里程/m	偏距/m	观测时间	备注
	第 53 次						
	X	Y	Z				
1	3 552 649.434	507 357.662	18.562	10 561.23	18.210		
2							
3	3 552 712.239	507 400.322	19.936	10 485.306	18.274		
4	3 552 703.358	507 413.345	19.619	10 485.322	2.512	9:55	
5	3 552 774.988	507 442.944	20.584	10 409.5	18.305		
6	3 552 766.079	507 456.024	20.246	10 409.457	2.512		
7							
8							

点号	实测坐标			里程/m	偏距/m	观测时间	备注
	第 54 次						
	X	Y	Z				
1	3 552 647.784	507 356.538	18.529	10 563.226	18.211		
2							
3	3 552 710.526	507 399.155	19.909	10 487.379	18.276		
4	3 552 701.676	507 412.171	19.593	10 487.414	2.508	10:56	
5	3 552 773.040	507 441.655	20.547	10 411.787	18.308		
6	3 552 764.253	507 454.772	20.230	10 411.672	2.521		
7							
8							

(续表)

点号	第 55 次						备注
	实测坐标			里程/m	偏距/m	观测时间	
	X	Y	Z				
1	3 552 645.747	507 355.158	18.496	10 565.688	18.208	13:17	
2							
3	3 552 708.562	507 397.821	19.876	10 489.754	18.273		
4	3 552 699.684	507 410.835	19.556	10 489.772	2.520		
5	3 552 771.336	507 440.491	20.525	10 413.851	18.312		
6	3 552 762.546	507 453.606	20.200	10 413.74	2.524		
7							
8							

点号	第 56 次						备注
	实测坐标			里程/m	偏距/m	观测时间	
	X	Y	Z				
1	3 552 644.963	507 354.602	18.483	10 566.648	18.225	15:09	
2							
3	3 552 707.774	507 397.266	19.865	10 490.718	18.284		
4	3 552 698.892	507 410.293	19.544	10 490.732	2.522		
5	3 552 770.468	507 439.889	20.505	10 414.907	18.321		
6	3 552 761.619	507 452.968	20.183	10 414.865	2.530		
7							
8							

点号	第 57 次						备注
	实测坐标			里程/m	偏距/m	观测时间	
	X	Y	Z				
1	3 552 644.228	507 354.087	18.467	10 567.546	18.237	16:08	
2							
3	3 552 706.894	507 296.672	19.851	10 491.779	18.286		
4	3 552 697.970	507 409.658	19.533	10 491.852	2.528		
5	3 552 769.361	507 439.134	20.486	10 416.247	18.322		
6	3 552 760.582	507 452.261	20.168	10 416.12	2.531		
7							
8							

(续表)

点号	实测坐标			里程/m	偏距/m	观测时间	备注
	X	Y	Z				
\multicolumn{8}{c}{第 58 次}

点号	实测坐标 X	Y	Z	里程/m	偏距/m	观测时间	备注
1	3 552 642.829	507 353.141	18.446	10 569.234	18.232	16:50	
2							
3	3 552 705.639	507 395.809	19.821	10 493.303	18.292		
4	3 552 696.762	507 408.821	19.515	10 493.321	2.541		
5	3 552 768.326	507 438.442	20.466	10 417.492	18.312		
6	3 552 759.474	507 451.518	20.146	10 417.454	2.522		
7							
8							

观测人：　　　　　　　　　　　　　　　　　　　　　　　　日期：2023-3-22

第 59 次

点号	实测坐标 X	Y	Z	里程/m	偏距/m	观测时间	备注
1	3 552 638.435	507 350.158	18.384	10 574.543	18.228	8:18	
2							
3	3 552 701.232	507 392.835	19.752	10 498.619	18.272		
4	3 552 692.354	507 405.849	19.438	10 498.638	2.518		
5	3 552 763.921	507 435.456	20.388	10 422.814	18.303		
6	3 552 755.073	507 448.532	20.073	10 422.772	2.515		
7							
8							

第 60 次

点号	实测坐标 X	Y	Z	里程/m	偏距/m	观测时间	备注
1	3 552 632.079	507 345.799	128.633	10 582.252	18.254	11:23	
2							
3	3 552 694.876	507 388.482	19.939	10 506.323	18.295		
4	3 552 685.990	507 401.506		10 506.342	2.528		
5	3 552 757.558	507 431.120	20.289	10 430.514	18.308		
6	3 552 748.703	507 444.198	19.962	10 430.477	2.514		
7							
8							

(续表)

点号	第 61 次					观测时间	备注
	实测坐标			里程/m	偏距/m		
	X	Y	Z				
1	3 552 619.939	507 358.327	17.924	10 585.241	1.067	14:00	观测点改到两端下弦杆中点（1号点里程需加0.2 m）
2	3 552 630.329	507 342.693	18.247	10 585.447	19.838		
3	3 552 747.855	507 445.457	19.947	10 430.47	0.996		
4	3 552 758.435	507 429.940	20.289	10 430.452	19.777		
5							
6							
7							
8							

观测人： 日期：2023-3-23

点号	第 62 次					观测时间	备注
	实测坐标			里程/m	偏距/m		
	X	Y	Z				
1	3 552 619.849	507 358.308	17.933	10 585.326	1.032	8:32	观测点改到两端下弦杆中点（1号点里程需加0.2 m）
2	3 552 630.239	507 342.664	18.252	10 585.537	19.811		
3	3 552 747.795	507 445.389	19.945	10 430.558	1.019		
4	3 552 758.373	507 429.876	20.288	10 430.54	19.795		
5							
6							
7							
8							

观测人： 日期：2023-4-5

点号	第 63 次					观测时间	备注
	实测坐标			里程/m	偏距/m		
	X	Y	Z				
1	3 552 630.252	507 342.669	18.229	10 585.524	19.814	9:40	
2	3 552 619.697	507 358.199	17.912	10 585.513	1.037		
3	3 552 756.145	507 430.178	20.353	10 432.212	18.292		
4	3 552 752.864	507 435.084	20.243	10 432.164	12.390		
5	3 552 747.285	507 443.249	20.048	10 432.183	2.501		
6							
7							
8							

(续表)

观测人：　　　　　　　　　　　　　　　　　　　　　　　　　　日期：2023-4-6

点号	第 64 次			里程/m	偏距/m	观测时间	备注
	实测坐标						
	X	Y	Z				
1	3 552 629.978	507 343.019	18.205	10 585.554	19.371		
2	3 552 619.423	507 358.541	17.892	10 585.548	0.600		
3	3 552 755.871	507 430.571	20.353	10 432.217	17.813	10:45	
4	3 552 752.593	507 435.479	20.244	10 432.166	11.911		
5	3 552 747.009	507 443.643	20.045	10 432.190	2.020		
6							
7							
8							

点号	第 65 次			里程/m	偏距/m	观测时间	备注
	实测坐标						
	X	Y	Z				
1	3 552 629.219	507 344.486	18.213	10 585.546	18.010		
2	3 552 618.663	507 359.667	17.891	10 585.543	−0.759		
3	3 552 755.113	507 431.698	20.352	10 432.210	16.455	16:35	
4	3 552 751.832	507 436.605	20.245	10 432.161	10.552		
5	3 552 746.244	507 444.776	20.048	10 432.184	0.653		
6							
7							
8							

观测人：　　　　　　　　　　　　　　　　　　　　　　　　　　日期：2023-4-7

点号	第 66 次			里程/m	偏距/m	观测时间	备注
	实测坐标						
	X	Y	Z				
1	3 552 628.273	507 345.547	18.239	10 585.541	16.322		
2	3 552 617.698	507 361.045	17.917	10 585.532	−2.482		
3	3 552 754.158	507 433.089	20.353	10 432.217	14.767	10:02	
4	3 552 750.879	507 437.998	20.242	10 432.165	8.864		
5	3 552 745.290	507 446.168	20.043	10 432.189	−1.035		
6							
7							
8							

(续表)

点号	第 67 次							备注
	实测坐标			里程/m	偏距/m	观测时间		
	X	Y	Z					
1	3 552 626.704	507 347.835	18.238	10 585.551	13.547	16:03		
2	3 552 616.145	507 363.362	17.912	10 585.545	−5.23			
3	3 552 752.601	507 435.389	20.352	10 432.210	11.99			
4	3 552 749.320	507 440.296	20.242	10 432.162	6.087			
5	3 552 743.733	507 448.466	20.043	10 432.185	−3.810			
6								
7								
8								

观测人： 日期：2023-4-8

点号	第 68 次							备注
	实测坐标			里程/m	偏距/m	观测时间		
	X	Y	Z					
1	3 552 624.891	507 350.525	18.231	10 585.536	10.303	10:25		
2	3 552 614.327	507 366.050	17.908	10 585.536	−8.475			
3								
4	3 552 747.470	507 443.015	20.234	10 432.162	2.798			
5	3 552 741.936	507 451.088	20.032	10 432.195	−6.989			
6								
7								
8								

点号	第 69 次							备注
	实测坐标			里程/m	偏距/m	观测时间		
	X	Y	Z					
1	3 552 624.094	507 351.633	18.213	10 585.572	8.939	14:50		
2	3 552 613.538	507 367.158	17.894	10 585.565	−9.835			
3								
4	3 552 746.705	507 444.145	20.236	10 432.159	1.434			
5	3 552 741.175	507 452.220	20.035	10 432.188	−8.353			
6								
7								
8								

(续表)

点号	第 70 次			里程/m	偏距/m	观测时间	备注
	实测坐标						
	X	Y	Z				
1	3 552 623.884	507 351.936	18.217	10 585.575	8.570	17:30	
2	3 552 613.335	507 367.465	17.894	10 585.561	−10.203		
3							
4	3 552 746.514	507 444.408	20.244	10 432.169	1.109		
5	3 552 740.969	507 452.503	20.026	10 432.199	−8.703		
6							
7							
8							

观测人：　　　　　　　　　　　　　　　　　　　　　　　　　日期：2023-4-9

点号	第 71 次			里程/m	偏距/m	观测时间	备注
	实测坐标						
	X	Y	Z				
1	3 552 621.391	507 355.615	18.204	10 585.567	4.126	10:30	
2	3 552 610.827	507 371.133	17.882	10 585.570	−14.647		
3							
4							
5	3 552 738.493	507 456.183	20.020	10 432.176	−13.138		
6	3 552 741.423	507 451.988	20.137	10 432.113	−8.022		
7							
8							

点号	第 72 次			里程/m	偏距/m	观测时间	备注
	实测坐标						
	X	Y	Z				
1	3 552 620.341	507 357.191	18.209	10 585.548	2.733	15:10	
2	3 552 609.794	507 372.724	17.833	10 585.529	−16.542		
3							
4	3 552 743.007	507 449.645	20.234	10 432.122	−5.194		
5	3 552 737.424	507 457.812	20.023	10 432.143	−15.087		
6	3 552 740.383	507 453.584	20.129	10 432.075	−9.926		
7							
8							

(续表)

观测人：						日期：2023-4-10	
点号	第 73 次			里程/m	偏距/m	观测时间	备注
	实测坐标						
	X	Y	Z				
1	3 552 607.959	507 375.4518	17.904	10 585.511	−19.83	14:35	
2	3 552 618.527	507 359.9137	18.221	10 585.516	−1.039		
3	3 552 736.113	507 462.6429	20.049	10 430.509	−19.818		
4	3 552 746.695	507 447.1171	20.403	10 430.495	−1.029		
5							
6							
7							
8							

(2) 右幅钢桁梁顶推过程中轴线偏位(表 3-2)

表 3-2 CT-TX-2 钢桁梁顶推过程中轴线偏位检查记录表(右幅)

观测人：						日期：2023-5-1	
点号	第 1 次			里程/m	偏距/m	观测时间	备注
	实测坐标						
	X	Y	Z				
1	3 552 781.869	507 466.751	21.243	10 390.369	2.527	11:00	
2	3 552 790.599	507 453.592	20.942	10 390.555	18.318		
3	3 552 726.247	507 428.907	19.961	10 457.645	2.522		
4	3 552 734.271	507 417.086	19.675	10 457.661	16.810		

观测人：						日期：2023-5-2	
点号	第 2 次			里程/m	偏距/m	观测时间	备注
	实测坐标						
	X	Y	Z				
1	3 552 781.441	507 466.414	21.227	10 390.913	2.565	8:30	
2	3 552 790.159	507 453.256	20.925	10 391.108	18.348		
3	3 552 725.799	507 428.603	19.942	10 458.186	2.522		
4	3 552 733.817	507 416.776	19.659	10 458.211	16.810		

(续表)

点号	第 3 次						备注
	实测坐标			里程/m	偏距/m	观测时间	
	X	Y	Z				
1	3 552 778.523	507 464.432	21.186	10 394.440	2.562	9:28	
2	3 552 787.196	507 451.232	20.812	10 394.696	18.354		
3	3 552 722.665	507 426.448	19.895	10 461.990	2.540		
4	3 552 730.738	507 414.655	19.609	10 461.950	16.832		

点号	第 4 次						备注
	实测坐标			里程/m	偏距/m	观测时间	
	X	Y	Z				
1	3 552 774.742	507 461.906	21.117	10 298.987	2.523	10:25	
2	3 552 783.573	507 448.824	20.811	10 399.047	18.307		
3	3 552 719.417	507 424.193	19.840	10 465.943	2.577		
4	3 552 727.385	507 412.325	19.551	10 466.033	16.872		

点号	第 5 次						备注
	实测坐标			里程/m	偏距/m	观测时间	
	X	Y	Z				
1	3 552 763.276	507 454.093	20.933	10 412.862	2.531	14:25	
2	3 552 771.945	507 440.892	20.621	10 413.122	18.323		
3	3 552 707.374	507 416.052	19.641	10 480.480	2.533		
4	3 552 715.456	507 404.274	19.362	10 480.424	18.817		

点号	第 6 次						备注
	实测坐标			里程/m	偏距/m	观测时间	
	X	Y	Z				
1	3 552 760.932	507 452.443	20.883	10 415.728	2.577	15:08	
2	3 552 769.630	507 439.271	20.580	10 415.948	18.348		
3	3 552 705.219	507 414.722	19.602	10 483.010	18.360		
4	3 552 713.218	507 402.881	19.323	10 483.058	16.709		

(续表)

点号	实测坐标			里程/m	偏距/m	观测时间	备注
	X	Y	Z				
第 7 次							
1	3 552 755.165	507 448.486	20.793	10 422.722	2.604	17:06	
2	3 552 763.808	507 475.272	20.488	10 423.011	18.391		
3	3 552 699.216	507 410.592	19.509	10 490.296	2.457		
4	3 552 707.255	507 398.788	19.218	10 490.291	16.739		

观测人: 　　　　　　　　　　　　　　　　　　　　　　　　日期: 2023-5-3

点号	实测坐标			里程/m	偏距/m	观测时间	备注
	X	Y	Z				
第 8 次							
1	3 552 747.644	507 443.468	20.664	10 431.763	2.522	8:30	
2	3 552 756.281	507 430.252	20.358	10 432.058	18.307		
3	3 552 691.668	507 405.463	19.379	10 499.422	2.451		
4	3 552 699.772	507 393.685	19.091	10 499.348	16.748		
第 9 次							
1	3 552 745.301	507 441.901	20.622	10 434.582	2.499	9:06	
2	3 552 754.079	507 428.786	20.321	10 434.703	18.280		
3							
4	3 552 697.863	507 392.320	19.061	10 501.694	16.802		
第 10 次							
1	3 552 744.250	507 441.158	20.626	10 435.869	2.522	14:10	
2	3 552 752.977	507 428.002	20.305	10 436.055	18.308		
3	3 552 688.626	507 403.316	19.325	10 503.145	2.515		
4	3 552 696.649	507 391.497	19.039	10 503.161	16.800		

(续表)

观测人：　　　　　　　　　　　　　　　　　　　　　日期：2023-5-26

点号	第 11 次			里程/m	偏距/m	观测时间	备注
	实测坐标						
	X	Y	Z				
1	3 552 783.044	507 469.368	21.161	10 387.926	1.024	9:00	
2	3 552 793.438	507 453.704	20.844	10 388.145	19.822		
3	3 552 742.553	507 439.816	20.551	10 438.027	2.677		
4	3 552 750.723	507 427.205	20.262	10 438.367	17.699		
5	3 552 732.751	507 415.010	19.883	10 460.086	17.671		
6	3 552 724.242	507 427.376	20.184	10 460.164	2.66		
7	3 552 689.131	507 403.453	19.330	10 502.650	2.686		
8	3 552 697.546	507 391.045	19.035	10 502.673	17.678		

观测人：　　　　　　　　　　　　　　　　　　　　　日期：2023-5-28

点号	第 12 次			里程/m	偏距/m	观测时间	备注
	实测坐标						
	X	Y	Z				
1	3 552 781.792	507 468.466	21.124	10 389.468	1.066	8:30	
2	3 552 792.166	507 452.797	20.811	10 389.706	19.856		
3	3 552 742.871	507 440.203	20.571	10 437.546	2.536		
4							
5	3 552 731.116	507 413.340	19.870	10 462.042	17.64		
6	3 552 722.546	507 426.243	20.178	10 462.203	2.643		
7							
8	3 552 695.650	507 389.840	19.023	10 504.918	17.607		

点号	第 13 次			里程/m	偏距/m	观测时间	备注
	实测坐标						
	X	Y	Z				
1	3 552 777.196	507 465.358	21.070	10 395.016	1.049	11:00	
2	3 552 787.635	507 449.735	20.766	10 395.170	19.841		
3	3 552 736.540	507 435.753	20.484	10 445.283	2.653		
4	3 552 744.582	507 423.070	20.195	10 445.770	17.663		
5	3 552 726.537	507 410.835	19.820	10 467.572	17.626		
6	3 552 717.969	507 423.141	20.121	10 467.732	2.632		
7							
8	3 552 691.108	507 386.747	18.986	10 510.414	17.609		

(续表)

观测人：　　　　　　　　　　　　　　　　　　　　　　　　　日期：2023-5-29

点号	第 14 次			里程/m	偏距/m	观测时间	备注
	实测坐标						
	X	Y	Z				
1	3 552 756.088	507 451.019	20.396	10 420.534	1.029	8:30	
2	3 552 756.475	507 435.359	20.708	10 420.756	19.819		
3							
4	3 552 723.779	507 408.830	19.829	10 470.980	17.732		
5	3 552 705.710	507 396.608	19.451	10 492.794	17.64		
6	3 552 697.309	507 409.030	19.756	10 492.751	2.643		
7							
8							

点号	第 15 次			里程/m	偏距/m	观测时间	备注
	实测坐标						
	X	Y	Z				
1	3 552 748.150	507 445.646	20.578	10 430.119	1.006	16:30	
2	3 552 758.540	507 429.988	20.270	10 430.338	19.796		
3	3 552 707.654	507 416.106	19.984	10 480.210	2.645		
4	3 552 715.823	507 403.496	19.696	10 480.558	17.666		
5	3 552 697.846	507 391.311	19.320	10 502.275	17.627		
6	3 552 689.375	507 403.666	19.622	10 502.328	2.647		
7	3 552 662.644	507 367.334	18.476	10 544.867	17.645		
8							

观测人：　　　　　　　　　　　　　　　　　　　　　　　　　日期：2023-6-25

点号	第 16 次			里程/m	偏距/m	观测时间	备注
	实测坐标						
	X	Y	Z				
1	3 552 779.026	507 466.658	20.803	10 392.772	1.004	10:30	
2	3 552 789.574	507 451.105	20.487	10 392.801	19.797		
3	3 552 716.631	507 422.354	20.132	10 469.281	2.53		
4	3 552 725.495	507 409.314	19.835	10 469.289	18.298		
5							
6	3 552 662.275	507 366.281	18.421	10 545.746	18.309		

(续表)

观测人：　　　　　　　　　　　　　　　　　　　　　　　　日期：2023-6-26

点号	第 17 次			里程/m	偏距/m	观测时间	备注
	实测坐标						
	X	Y	Z				
1	3 552 776.661	507 464.980	20.751	10 395.671	1.061	9:20	
2	3 552 787.124	507 449.376	20.442	10 395.800	19.848		
3	3 552 713.867	507 420.486	20.086	10 472.617	2.52		
4	3 552 722.829	507 407.513	19.786	10 472.506	18.287		
5							
6	3 552 659.286	507 364.339	18.376	10 549.329	18.233		

点号	第 18 次			里程/m	偏距/m	观测时间	备注
	实测坐标						
	X	Y	Z				
1	3 552 775.057	507 463.904	20.732	10 397.603	1.048	10:00	
2	3 552 785.532	507 448.302	20.416	10 397.720	19.840		
3	3 552 712.771	507 419.731	20.061	10 473.948	2.527		
4	3 552 721.675	507 406.714	19.771	10 473.910	18.298		
5							
6	3 552 658.619	507 363.823	18.370	10 550.171	18.284		

点号	第 19 次			里程/m	偏距/m	观测时间	备注
	实测坐标						
	X	Y	Z				
1	3 552 773.598	507 462.933	20.709	10 399.355	1.030	11:00	
2	3 552 784.215	507 447.425	20.392	10 399.302	19.824		
3	3 552 711.054	507 418.561	20.041	10 476.026	2.529		
4	3 552 719.622	507 405.316	19.731	10 476.394	18.299		
5							
6	3 552 656.291	507 362.257	18.322	10 552.976	18.269		

(续表)

观测人：　　　　　　　　　　　　　　　　　　　　　　　　日期：2023-6-27

点号	实测坐标			里程/m	偏距/m	观测时间	备注
	X	Y	Z				
1	3 552 767.944	507 459.103	20.611	10 406.184	1.016		
2	3 552 778.493	507 443.581	20.299	10 406.195	19.783		
3	3 552 705.534	507 414.791	19.974	10 482.710	2.54	10:00	
4	3 552 714.406	507 401.753	19.657	10 482.710	18.31		
5							
6	3 552 651.085	507 358.655	18.244	10 559.307	18.318		

第 20 次

观测人：　　　　　　　　　　　　　　　　　　　　　　　　日期：2023-7-8

第 21 次

点号	实测坐标			里程/m	偏距/m	观测时间	备注
	X	Y	Z				
1	3 552 747.017	507 444.873	20.254	10 431.491	1.007		
2	3 552 757.560	507 429.317	19.948	10 431.526	19.8		
3	3 552 684.628	507 400.584	19.606	10 507.987	2.524	11:00	
4	3 552 693.459	507 387.527	19.302	10 508.032	18.287		
5							
6	3 552 630.216	507 344.515	17.915	10 584.515	18.268		

在顶推 13 m 工况时，钢桁梁轴线偏位较小，最大误差不超过 50 mm。当钢桁梁在顶推 25 m 工况时，各测点的轴线横向偏位误差较大，需要进行调整。由于上一工况顶推施工的误差较大，顶推施工中调整轴线偏位较为谨慎，导致导梁 E0' 上墩时误差仍较大，但整体要比上一工况更贴近初始值。钢桁梁顶推至使导梁 E0 上墩时，误差已调整到较小值，最大不超过 20 mm，保证了结构的线形正确。

3.3 基于有限元模拟的钢桁梁局部屈曲控制技术

本项目采用油压千斤顶进行顶升纠偏,即考虑在钢桁架梁下弦杆节点处的滑靴支撑点处设置千斤顶进行纠偏,因此在钢桁梁下弦杆集中受力处有局部屈曲的风险,需要进行分析控制。

3.3.1 钢桁梁下桁架有限元模型

(1) 模型参数

端横梁及下弦杆钢材材质为Q345qD。钢材密度:7.85×10^3 kg/m³;钢材弹性模量:$E = 2.01 \times 10^5$ MPa;材料容许应力:$[\sigma] = 270$ MPa,$[\tau] = 155$ MPa。端横梁、下桁杆自重均按实际质量计。施工荷载忽略不计。

(2) 工况划分

考虑两个工况:

CS1:在端横梁两侧各放3个千斤顶(每个4 500 kN)(接触面面积 $S = 200$ mm²)将之顶起。

CS2:千斤顶下降,钢桁梁落在滑块上。

模型各工况的荷载及边界设置见表3-3。

表3-3 有限元计算模型施工阶段模拟

施工阶段	说明
CS1	在千斤顶顶起的接触面上设置约束与均布荷载(千斤顶作用),施加自重
CS2	在滑块底部设置约束,施加自重

3.3.2 钢桁梁下桁架局部屈曲分析

(1) 工况CS1计算模型与结果

对于CS1工况,千斤顶顶起时在端横梁与下桁杆的连接处产生较为集中的应力,最大应力值为113.2 MPa。施工阶段CS1模型示意图和应力云图分别见图3-7和图3-8。

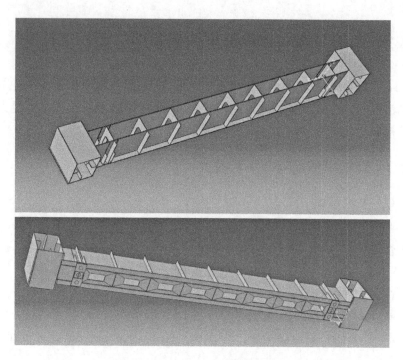

图 3-7 施工阶段 CS1 模型示意图

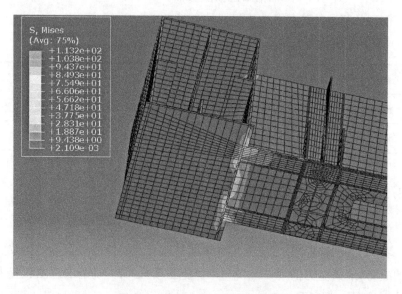

图 3-8 施工阶段 CS1 应力云图

(2) 工况 CS2 计算模型与结果

对于 CS2 工况,千斤顶落于滑块位置,同样在端横梁与下桁杆的连接处产生较大应力集中,最大应力值为 107.9 MPa。施工阶段 CS2 模型示意图和应力云图分别见图 3-9 和图 3-10。

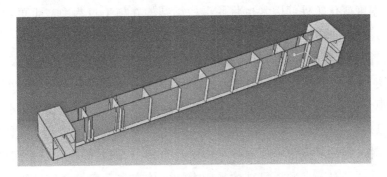

图 3-9　施工阶段 CS2 模型示意图

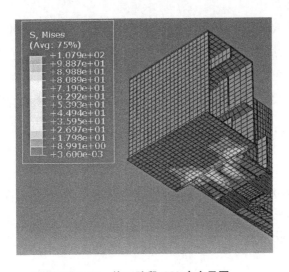

图 3-10　施工阶段 CS2 应力云图

两种工况均未超过钢材的允许应力,在施工安全范围内。

3.4　基于混合有限元分析的钢桁梁节点受力性能研究

在桥梁施工过程中对桥梁的受力状况和位移变形进行有限元仿真模拟

设计,可以为施工偏差分析及结构体系转换后的结构应力状态分析提供理论依据,以保证施工质量和结构安全。钢桁梁在顶推施工过程中,随着结构不断顶推前进,支承点不断变化,受力状态也随之改变。桥梁结构杆件的应力状态呈现出拉应力和压应力交错变化的模式,可能还会有倾覆的风险。此外,温度变化等外部因素也将使得桥梁结构在施工过程中产生更加复杂的变形及应力变化规律。

目前桥梁结构常用的有限元建模分析方法有全桥杆系有限元模型、全桥实体有限元模型。全桥杆系有限元模型是将结构均简化为梁杆单元的一种宏观分析模型,反映的是结构整体的受力情况,对于细节构造处的受力情况难以表达。全桥实体有限元模型则是将全桥结构用板壳单元或实体单元进行模拟,能够最大化模拟实际结构的受力特点,但建模工作量大,计算效率低,特别是对于大型桥梁结构采用全桥实体有限元模型进行计算分析尤为复杂和不必要。

基于 MIDAS/Civil 有限元分析软件,对钢桁梁主体结构的顶推施工过程进行仿真,模拟其在各不利工况下的结构受力状态,监测桥梁在施工过程中关键截面的应力变化情况,确定不利受力节点位置并提取该节点各杆件受力。最后利用 ABAQUS 软件建立该节点模型,对该节点进行受力优化分析。

3.4.1 MIDAS/Civil 有限元整体受力分析

(1) 有限元计算模型

根据工程设计实例的桥型布置与结构构造特点,基于有限单元法,采用桥梁结构分析专业软件 MIDAS/Civil 将全桥离散并简化为平面杆系结构,对结构进行分析计算,有限元计算模型如图 3-11 所示。在有限元模型中,

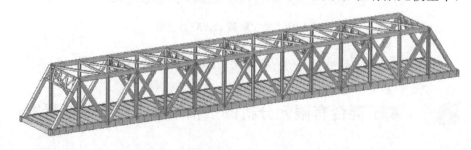

图 3-11 钢桁梁 MIDAS/Civil 模型

桥梁各构件均采用梁单元模拟。

（2）边界条件及计算参数

有限元模型的外部边界条件采用一般支承。每阶段各支点处均设置竖向支承，横向设置两个固定支座，纵向设置一个固定支承。桥面板与下桁杆之间设置刚性连接。

主梁及拱肋的钢材材质为Q345qD，材料容许应力：$[\sigma]=270$ MPa，$[\tau]=155$ MPa。各类支架、导梁、刚性支撑构件材料为Q235B，材料容许应力：$[\sigma]=190$ MPa，$[\tau]=110$ MPa。

有限元模型的荷载考虑钢梁、拱肋、刚性支撑及各类支架自重，均按实际质量计；吊装、顶推及焊接过程中桥面施工荷载均很小，可忽略不计。

（3）结果分析

对钢桁梁14个施工阶段进行模拟计算后，提取了各个工况下导梁、下弦杆、斜腹杆、直腹杆关键截面的应力值，应力控制截面见图3-12，表3-4列出了前5个工况下的部分应力值。

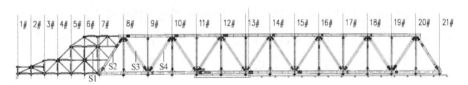

图3-12 应力控制截面示意图

表3-4 MIDAS软件计算的应力值　　　　　单位：MPa

编号	工况1	工况2	工况3	工况4	工况5
S1	1.93	−1.91	−1.83	18.13	5.28
S1′	3.34	−1.50	11.38	9.24	−6.44
S2	−0.57	−25.53	−24.81	11.87	12.12
S2′	−0.40	−24.78	−15.09	11.57	6.27
S3	0.02	−2.68	−2.98	13.22	11.87
S3′	−0.52	−2.15	−0.74	13.38	9.05
S4	−0.71	−1.97	−2.12	−29.97	−0.46
S4′	−0.54	−1.55	−0.85	−25.05	1.75

在前 5 个施工阶段，各关键截面均出现了拉应力和压应力的交错变化。由于水中支架的不对称性，左、右两片钢桁架的应力变化情况并不完全相同。下桁杆应力变化幅值明显大于其他构件，如导梁、斜腹杆、直腹杆。

通过观察所选关键截面在不同施工阶段的应力值及其应力变化，分析得到工况 9 为桥梁整体结构受力最不利工况。工况 9 的各杆件内力等值线如图 3-13 所示。由杆件内力等值线能看出，最不利节点位置为圆圈所示位置，即 E2、E2′节点(E2′位于图示位置另一侧)为确定的不利位置。

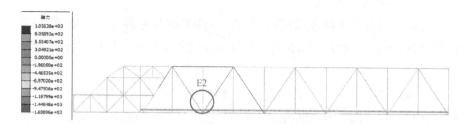

图 3-13　工况 9 的各杆件内力等值线

该节点由整体式下弦杆和 3 根腹杆通过全螺栓拼接而成，是全桥应力分布最复杂的节点。由于该节点各端部不仅受到轴力作用，还有三向的剪力和弯矩，受力复杂，因此需要对其进行局部精细化分析。

3.4.2　ABAQUS 节点分析

(1) 局部节点分析方法

该局部节点分析方法基于"整体-局部"的思想，首先采用 MIDAS 有限元分析软件建立全桥杆系有限元模型，得到各荷载工况下的杆件内力；然后对 MIDAS 计算结果进行分析，筛选最不利受力节点、荷载工况，以及对应的边界条件和各杆件力；最后应用 ABAQUS 有限元分析软件建立节点局部模型，对节点进行局部建模、细节分析。

(2) 节点构造

E2′整体节点由整体式下弦杆和 3 根腹杆通过节点板连接而成，根据下弦杆阶段预制长度，节点处下弦杆长度取 11 000 mm；根据圣维南原理，为避免局部应力集中对节点受力分布的影响，腹杆计算长度取距螺栓孔一倍腹杆高度，即斜腹杆与直腹杆长度均取为 2 800 mm；在横桥向节点板焊有连接横梁,取横梁长度为 1 200 mm。

E2′节点模型如图 3-14 所示(E2 节点构造与其相同,但杆件 6 位于背侧)。

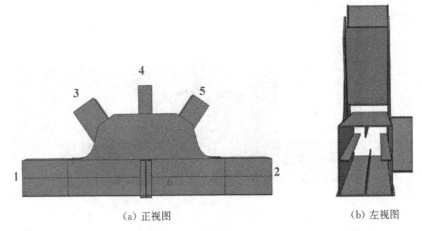

(a) 正视图　　　　　　　　　　　　(b) 左视图

图 3-14　E2′节点模型示意图

(3) 节点精细化分析

通过数据处理,确定了 E2、E2′节点在最不利工况下各杆件的内力,汇总于表 3-5。

表 3-5　最不利工况下节点各杆件的轴力　　　　　　　　单位: kN

节点号	杆件 1	杆件 2	杆件 3	杆件 4	杆件 5	杆件 6
E2	−572.8	−462.4	−1 422.3	−316.6	−1 699	30.2
E2′	−511.3	−758.3	−1 637.0	−302.5	−1 102.4	30.2

将上述各个杆件轴力作为外部荷载作用于节点模型,施加相应的边界约束,得到的应力云图如图 3-15 所示。从图中可以看出,在杆件与节点板连接的区域应力值较大,E2′节点应力最大位置出现在杆件 3 与节点板连接的下部区域,最大应力值为 30.26 MPa;E2 节点应力最大位置同样出现在杆件 3 与节点板连接的下部区域,最大应力值为 30.84 MPa。

图 3-16 为节点应力集中处杆件的应力分布细节示意图。无论是 E2′节点还是 E2 节点,均在杆件 3 和杆件 5 处出现明显应力集中,应力集中区域与杆件和节点板的连接边界相吻合。

对于 E2′节点,杆件 3 的作用荷载为 −1 637.0 kN,杆件 5 的作用荷载为

$-1\,102.4$ kN；对于 E2 节点，杆件 3 的作用荷载为 $-1\,422.3$ kN，杆件 5 的作用荷载为 $-1\,699$ kN。两节点杆件 3 和杆件 5 的作用荷载大小关系相反，但应力最大位置却出现在相同的区域范围内，即杆件 3 与节点板连接边界周围。

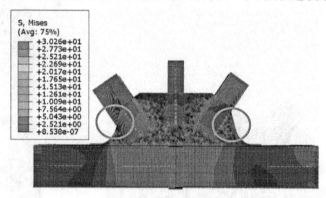

(a) E2′ 节点

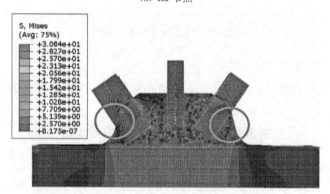

(b) E2 节点

图 3-15　节点应力云图

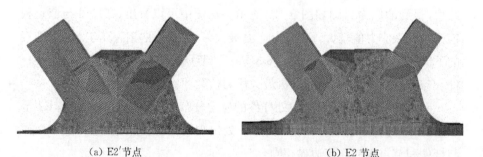

(a) E2′ 节点　　　　　　　　　(b) E2 节点

图 3-16　杆件 3 和杆件 5 应力分布细节

因此,节点的受力优化以减少杆件3处的应力集中现象为目标,通过对$E2'$节点的构造进行设计优化,使得在节点板周围,尤其是杆件3部位处应力分布更为均匀。

3.4.3 节点优化设计

一般来说,从整体上改善节点受力,可以通过外加腹杆、改变腹杆位置、加厚节点板、改变螺栓布置等方式。对于钢管杆件来说,还可以采用局部灌注混凝土的方式进行加固。而对于本桥梁来说,由整体计算结果可知,在顶推施工过程中,节点处不断承受拉压应力变化,节点连接处存在局部效应。

(1) 截面形式

综合考虑后,选择更改腹杆截面形式来分析节点的受力性能,将杆件3原来的空心矩形截面,通过截面等效原则换算为工字型截面进行计算。

图3-17为进行节点优化设计后$E2'$节点的应力云图。与原节点构造相

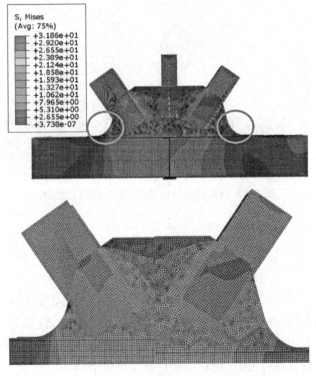

图3-17 $E2'$节点改变截面形式后的应力云图

比,杆件 3 位置的应力最大值由原来的 30.26 MPa 增大为 31.86 MPa,应力最小值稍稍减少。显然,这种方式对节点受力的影响很小,在这种情况下,甚至比原形式受力集中更为明显。

(2) 各杆件中心位置

上述对节点所做的局部分析中,各杆件中心点延长线交于下桁杆的半高度位置。实际上,杆件中心点延长线的交点位置对节点应力的影响较大,因此这里选择改变交点位置来进行节点受力的优化,即将原交点抬高至下桁杆顶面位置处。

从图 3-18 中可以看出,抬高各杆件交点位置后,应力的分布情况和原来相比有明显差异。原来的应力较大区域集中分布在杆件与节点板连接位置处,而经过优化,节点受力则较均匀地分布于整个节点板区域,杆件 3 位置的应力最大值也由原来的 30.26 MPa 减小为 23.21 MPa,优化效果显著。

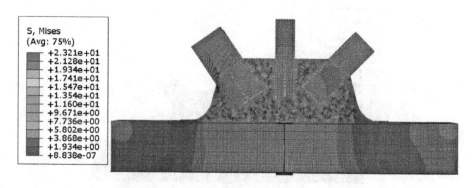

图 3-18　E2′节点抬高交点位置后的应力云图

(3) 各杆件中心位置+节点板形状

第三种优化方式是在前一种优化方式的基础上,改变节点板的形状,使其更贴合杆件 3 与节点板的分界位置。

观察图 3-19 中应力的分布情况,优化后节点的应力分布较第二种优化方式更为均匀,杆件 3 位置的应力集中现象改善效果显著,应力的分布区域基本贴合节点板的形状,比第二种优化方式的效果更好,不仅增强了节点连接处的整体性,而且削弱了连接处的局部应力集中。

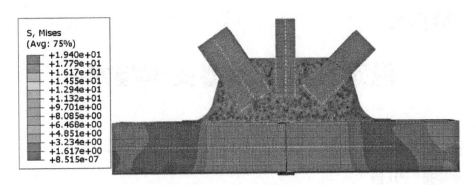

图 3-19　E2′节点改变节点板形状后的应力云图

表 3-6 综合列出了不同优化方式下节点应力集中处应力最大值的数值及变化率。显然，改变节点杆件交点位置和节点板形状，E2′节点的受力最优。

表 3-6　不同优化方式比较

优化方式	原形式	1 截面形式	2 交点位置	3 节点板
应力最大值/MPa	30.26	31.86	23.21	19.4
变化率/%	—	+5.3	−23.3	−35.9

第四章

稳定性及抗倾覆关键技术

4.1 引言

对于大跨径钢桁梁,施工持续时间较长,在施工过程中临时支架承受桁架及导梁等全部永久荷载和施工临时荷载,因此临时支架必须经过专门设计,预先验算其稳定性并实时监测支架结构在施工过程中的沉降,以保证沉降在规范要求范围内。

在顶推过程中,由于钢桁梁位置实时会发生变化,在某些工况下存在倾覆风险,因此需要对处于不利工况下的钢桁梁及导梁抗倾覆稳定性进行分析。

4.2 稳定性分析理论

受压构件除了要满足强度、刚度条件外,对稳定性的验算也相当有必要,历史上由于压杆失稳而造成重大工程事故的数不胜数,因此对受压构件的稳定性分析是相当重要的。在顶推过程中,临时支架承受钢桁梁、导梁以及其他施工荷载,一直处于受压状态,因此,对于支架的稳定性分析是十分必要的。

稳定性这个概念过去是因失稳发生工程事故而提出来的,早期欧拉提出了有关稳定性中的压杆失稳的公式,后来逐渐明确了稳定性这个概念,同时其也在工程界得到了广泛的推广应用。

失稳的定义是:结构随着所承受荷载的逐渐增大,其原始平衡状态可能由稳定平衡状态转变为不稳定平衡状态,这时原始的平衡状态丧失其稳定性。桥梁结构的失稳现象主要体现为整个桥梁结构失稳或者局部失稳,其中局部失稳是指整个结构的部分结构如桥墩等或者个别杆件如系杆等失稳。局部失稳往往可以导致整个结构失去稳定性,从而使其结构破坏。结构的失稳有两种基本形式,即分支点失稳和极值点失稳,下面具体说明这两种现象。

4.2.1 分支点失稳

分支点失稳也称作第一类稳定问题。这一类稳定问题是理想轴心受压杆稳定问题,即杆件轴线是理想的直线(无初始弯曲),作用在结构上的荷载 P 是理想的中心受压荷载(无初始偏心)。随着荷载 P 的逐渐增大,当 P 小于欧拉临界荷载 P_{cr} 时,压杆不会因受压而发生弯曲变形,处于纯受压状态,仍然处于直线形式的平衡状态(通常称为原始平衡状态);当压杆受到外界的轻微干扰时,发生弯曲变形,偏离原始平衡状态,而当干扰消失后,压杆仍能回到原始的平衡状态,因此这种平衡状态是稳定的。

当荷载 P 大于欧拉临界荷载 P_{cr} 时,原始的平衡状态不再是唯一的平衡状态了,压杆既可以处于原始的平衡状态,也可以处于弯曲变形后的平衡状态,也就是说,这时压杆可以处于两种平衡状态。压杆受到干扰发生变形弯曲,撤销干扰后,压杆不会恢复到原来的平衡状态,把压杆的这种状态称为失稳状态。其 P-Δ 曲线如图 4-1 所示。

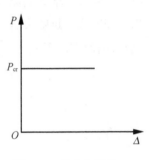

图 4-1 分支点失稳

4.2.2 极值点失稳

极值点失稳也称作第二类稳定问题。受力压杆的模型与实际情况比较接近,它是一种非完善体系,压杆具有初始曲率或者承受偏心荷载。随着荷载 P 逐渐增大,一开始压杆就会发生挠度变形,但是开始变形增加得很慢。当荷载 P 接近欧拉临界荷载 P_{cr} 时,挠度就趋于无限大;当 P 值等于 P_{cr} 值时,随着挠度 Δ 值的增大,压杆所能承受的荷载逐渐减小,平衡状态是不稳定的。P_{cr} 是极值点,在极值点处杆件由平衡状态转变为不平衡状态,即杆件失稳,这种失稳状态属于极值点失稳。其 P-Δ 曲线如图 4-2 所示。

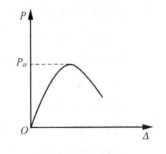

图 4-2 极值点失稳

4.3 支架稳定性有限元分析

4.3.1 第一类稳定问题的有限元分析

第一类稳定问题属于线弹性问题,因此其有限元分析方法与静力有限元分析方法基本上一致,具体如下:受压杆件轴力作用下的平衡方程为

$$([K_E]+[K_G])\{\delta\}=\{F\} \tag{4.1}$$

式中,$\{F\}$是作用的荷载,$\{\delta\}$是相应荷载作用下的位移,$[K_G]$是结构几何刚度矩阵,$[K_E]$是结构弹性刚度矩阵,随着荷载的逐渐增大,位移随之变大。若$\{F\}$增大到原来的λ倍,则相应的几何刚度矩阵也增大到原来的λ倍。同时当λ足够大时,结构处于随遇平衡状态,增加一个位移增量,方程也满足,因而有以下两式:

$$([K_E]+\lambda[K_G])\{\delta\}=\lambda\{F\} \tag{4.2}$$

$$([K_E]+\lambda[K_G])(\{\delta\}+\{\Delta\delta\})=\lambda\{F\} \tag{4.3}$$

所以有:

$$([K_E]+\lambda[K_G])\{\Delta\delta\}=0 \tag{4.4}$$

位移增量肯定不全为0,从而得到:

$$[K_E]+\lambda[K_G]=0 \tag{4.5}$$

上式即为弹性稳定问题的特征方程,因此可将稳定问题转化成求特征方程的最小特征值问题。将稳定问题转化成求特征方程的最小特征值问题,可以简单地归纳为以下四个步骤:

(1) 根据实际施工过程中的材料等,计算结构的刚度矩阵;
(2) 根据施加的外荷载进行静力分析,计算结构的初始内力;
(3) 形成结构的几何刚度矩阵;
(4) 计算式(4.5)中的最小特征值。

这样,求得的最小特征值就是最终荷载的安全系数,相应的特征向量就是失稳模态。

4.3.2 第二类稳定问题的有限元分析

第二类稳定问题的有限元分析以第一类稳定问题为基础,就是当结构所受荷载不断增大时,考虑结构的实际变形,其刚度矩阵发生了变化,当结构的刚度矩阵奇异时,就说明结构的承载能力达到了极限值,同时也就丧失了稳定性,若外界稍有干扰,则结构就不能正常工作了。

从力学分析角度来看,分析结构的第二类稳定问题,就是通过不断求解计入几何非线性和材料非线性的结构平衡方程,寻找结构极限荷载的过程。

桥梁结构的稳定性判断有两种参考值,即线性稳定值和非线性稳定值。由于材料非线性模式的不确定和几何非线性分析方法的不同,结构非线性稳定分析存在诸多不确定因素,因此非线性稳定值的判断受到研究者和工程设计人员的怀疑。虽然线性稳定分析比较理想,不能真实反映结构的稳定性质,但是结果具有直观性和可参考性,求解也比较方便。所以本章采用稳定性线性分析的方法。

4.3.3 支架稳定性有限元验算

在研究稳定性分析时,一般把杆件看作杆单元或者杆件单元,各杆件的连接点称为节点。有限元模型能够较好地模拟各种形状的结构、平面结构、空间结构及杆件间的连接特性,它能很好地适应复杂的几何形状、复杂的材料特性和复杂的边界条件。

依据钢桁梁的施工方案,借助空间有限元模型建立全桥分析模型,通过MIDAS/Civil屈曲分析功能计算结构的整体稳定性,这里选取第11阶段作为控制工况,将恒载定义为常量,将钢桁架作用在支架上的支反力和摩擦力定义为变量,整体稳定性计算结果见图4-3。

入土桩中土层的作用通过m法计算刚度,通过添加节点弹性连接实现。

如图4-3所示,根据计算结果可知,屈曲分析结果第一节稳定安全系数为16,大于临时结构安全系数4.0,可认为整体稳定性满足要求。

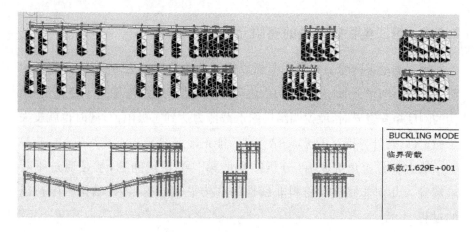

图 4-3 整体稳定性计算结果

4.4 支架沉降稳定性分析

4.4.1 左幅钢桁梁临时支架沉降

在顶推施工前期,钢桁梁及导梁支承于河岸一侧支架及水中支架上,在施工后期钢桁梁支承于水中支架及另一侧河岸支架上。由于监测数据繁多,因此选取了较有代表性的多个测点的监测数据进行分析。钢管桩沉降变化检查记录(左幅)具体见表 4-1。

表 4-1 钢管桩沉降变化检查记录表(左幅)　　　　　　单位:m

2022 年 12 月 11 日				
序号	管桩编号	原始标高	标高	沉降量	累计沉降量
1	ZD1	6.430	6.430	0.000	0.000
2	YD1	6.448	6.442	−0.006	−0.006
3	ZD5	6.157	6.150	−0.007	−0.007
4	YD5	6.216	6.213	−0.003	−0.003
5	ZD9	5.543	5.544	0.001	0.001
6	YD9	5.400	5.400	0.000	0.000

(续表)

序号	管桩编号	原始标高	标高	沉降量	累计沉降量
7	ZD16	3.995	3.998	0.003	0.003
8	YD16	3.997	4.000	0.003	0.003
9	Z17C	4.115	4.115	0.000	0.000
10	Z22C	4.021	4.027	0.006	0.006
11	Y17C	4.175	4.177	0.002	0.002
12	Y22C	4.204	4.207	0.003	0.003

2022年12月15日

序号	管桩编号	原始标高	标高	沉降量	累计沉降量
1	ZD1	6.430	6.430	0.000	0.000
2	YD1	6.448	6.442	0.000	−0.006
3	ZD5	6.157	6.148	−0.002	−0.009
4	YD5	6.216	6.213	0.000	−0.003
5	ZD9	5.543	5.540	−0.004	−0.003
6	YD9	5.400	5.397	−0.003	−0.003
7	ZD16	3.995	3.998	0.000	0.003
8	YD16	3.997	4.000	0.000	0.003
9	Z17C	4.115	4.115	0.000	0.000
10	Z22C	4.021	4.027	0.000	0.006
11	Y17C	4.175	4.177	0.000	0.002
12	Y22C	4.204	4.207	0.000	0.003

2022年12月19日

序号	管桩编号	原始标高	标高	沉降量	累计沉降量
1	ZD1	6.430	6.431	0.001	0.001
2	YD1	6.448	6.445	0.003	−0.003
3	ZD5	6.157	6.147	−0.001	−0.010
4	YD5	6.216	6.213	0.000	−0.003
5	ZD9	5.543	5.541	0.001	−0.002

(续表)

序号	管桩编号	原始标高	标高	沉降量	累计沉降量
6	YD9	5.400	5.397	0.000	−0.003
7	ZD16	3.995	4.000	0.002	0.005
8	YD16	3.997	4.003	0.003	0.006
9	Z17C	4.115	4.116	0.001	0.001
10	Z22C	4.021	4.029	0.002	0.008
11	Y17C	4.175	4.177	0.000	0.002
12	Y22C	4.204	4.206	−0.001	0.002

2022年12月23日

序号	管桩编号	原始标高	标高	沉降量	累计沉降量
1	ZD1	6.430	6.431	0.000	0.001
2	YD1	6.448	6.445	0.000	−0.003
3	ZD5	6.157	6.147	0.000	−0.010
4	YD5	6.216	6.213	0.000	−0.003
5	ZD9	5.543	5.541	0.000	−0.002
6	YD9	5.400	5.397	0.000	−0.003
7	ZD16	3.995	4.000	0.000	0.005
8	YD16	3.997	4.003	0.000	0.006
9	Z17C	4.115	4.116	0.000	0.001
10	Z22C	4.021	4.029	0.000	0.008
11	Y17C	4.175	4.177	0.000	0.002
12	Y22C	4.204	4.206	0.000	0.002

2022年12月27日

序号	管桩编号	原始标高	标高	沉降量	累计沉降量
1	ZD1	6.430	6.431	0.000	0.001
2	YD1	6.448	6.445	0.000	−0.003
3	ZD5	6.157	6.147	0.000	−0.010
4	YD5	6.216	6.213	0.000	−0.003

(续表)

序号	管桩编号	原始标高	标高	沉降量	累计沉降量
5	ZD9	5.543	5.541	0.000	−0.002
6	YD9	5.400	5.397	0.000	−0.003
7	ZD16	3.995	4.000	0.000	0.005
8	YD16	3.997	4.003	0.000	0.006
9	Z17C	4.115	4.116	0.000	0.001
10	Z22C	4.021	4.029	0.000	0.008
11	Y17C	4.175	4.177	0.000	0.002
12	Y22C	4.204	4.206	0.000	0.002

2022 年 12 月 31 日

序号	管桩编号	原始标高	标高	沉降量	累计沉降量
1	ZD1	6.430	6.430	−0.001	0.000
2	YD1	6.448	6.442	−0.003	−0.006
3	ZD5	6.157	6.146	−0.001	−0.011
4	YD5	6.216	6.212	−0.001	−0.004
5	ZD9	5.543	5.539	−0.002	−0.004
6	YD9	5.400	5.395	−0.002	−0.005
7	ZD16	3.995	3.997	−0.003	0.002
8	YD16	3.997	4.001	−0.002	0.004
9	Z17C	4.115	4.113	−0.003	−0.002
10	Z22C	4.021	4.027	−0.002	0.006
11	Y17C	4.175	4.178	0.001	0.003
12	Y22C	4.204	4.207	0.001	0.003

2023 年 1 月 1 日

序号	管桩编号	原始标高	标高	沉降量	累计沉降量
1	ZD1	6.430	6.430	0.000	0.000
2	YD1	6.448	6.442	0.000	−0.006
3	ZD5	6.157	6.146	0.000	−0.011

(续表)

序号	管桩编号	原始标高	标高	沉降量	累计沉降量
4	YD5	6.216	6.212	0.000	−0.004
5	ZD9	5.543	5.539	0.000	−0.004
6	YD9	5.400	5.395	0.000	−0.005
7	ZD16	3.995	3.997	0.000	0.002
8	YD16	3.997	4.001	0.000	0.004
9	Z17C	4.115	4.113	0.000	−0.002
10	Z22C	4.021	4.027	0.000	0.006
11	Y17C	4.175	4.178	0.000	0.003
12	Y22C	4.204	4.207	0.000	0.003

2023年1月2日

序号	管桩编号	原始标高	标高	沉降量	累计沉降量
1	ZD1	6.430	6.430	0.000	0.000
2	YD1	6.448	6.442	0.000	−0.006
3	ZD5	6.157	6.146	0.000	−0.011
4	YD5	6.216	6.212	0.000	−0.004
5	ZD9	5.543	5.539	0.000	−0.004
6	YD9	5.400	5.395	0.000	−0.005
7	ZD16	3.995	3.997	0.000	0.002
8	YD16	3.997	4.001	0.000	0.004
9	Z17C	4.115	4.113	0.000	−0.002
10	Z22C	4.021	4.027	0.000	0.006
11	Y17C	4.175	4.178	0.000	0.003
12	Y22C	4.204	4.207	0.000	0.003

2023年1月3日

序号	管桩编号	原始标高	标高	沉降量	累计沉降量
1	ZD1	6.430	6.430	0.000	0.000
2	YD1	6.448	6.442	0.000	−0.006

(续表)

序号	管桩编号	原始标高	标高	沉降量	累计沉降量
3	ZD5	6.157	6.146	0.000	−0.011
4	YD5	6.216	6.212	0.000	−0.004
5	ZD9	5.543	5.539	0.000	−0.004
6	YD9	5.400	5.394	−0.001	−0.006
7	ZD16	3.995	3.997	0.000	0.002
8	YD16	3.997	4.001	0.000	0.004
9	Z17C	4.115	4.113	0.000	−0.002
10	Z22C	4.021	4.027	0.000	0.006
11	Y17C	4.175	4.177	−0.001	0.002
12	Y22C	4.204	4.206	−0.001	0.002

2023年1月8日

序号	管桩编号	原始标高	标高	沉降量	累计沉降量
1	ZD1	6.430	6.430	0.000	0.000
2	YD1	6.448	6.442	0.000	−0.006
3	ZD5	6.157	6.146	0.000	−0.011
4	YD5	6.216	6.212	0.000	−0.004
5	ZD9	5.543	5.539	0.000	−0.004
6	YD9	5.400	5.394	0.000	−0.006
7	ZD16	3.995	3.997	0.000	0.002
8	YD16	3.997	4.000	−0.001	0.003
9	Z17C	4.115	4.113	0.000	−0.002
10	Z22C	4.021	4.027	0.000	0.006
11	Y17C	4.175	4.177	0.000	0.002
12	Y22C	4.204	4.206	0.000	0.002

2023年1月13日

序号	管桩编号	原始标高	标高	沉降量	累计沉降量
1	ZD1	6.430	6.430	0.000	0.000

(续表)

序号	管桩编号	原始标高	标高	沉降量	累计沉降量
2	YD1	6.448	6.442	0.000	−0.006
3	ZD5	6.157	6.143	−0.003	−0.014
4	YD5	6.216	6.211	−0.001	−0.005
5	ZD9	5.543	5.539	0.000	−0.004
6	YD9	5.400	5.395	0.001	−0.005
7	ZD16	3.995	3.998	0.001	0.003
8	YD16	3.997	4.001	0.001	0.004
9	Z17C	4.115	4.114	0.001	−0.001
10	Z22C	4.021	4.028	0.001	0.007
11	Y17C	4.175	4.177	0.000	0.002
12	Y22C	4.204	4.207	0.001	0.003

2023年1月20日

序号	管桩编号	原始标高	标高	沉降量	累计沉降量
1	ZD1	6.430	6.430	0.000	0.000
2	YD1	6.448	6.441	−0.001	−0.007
3	ZD5	6.157	6.141	−0.002	−0.016
4	YD5	6.216	6.210	−0.001	−0.006
5	ZD9	5.543	5.540	0.001	−0.003
6	YD9	5.400	5.395	0.000	−0.005
7	ZD16	3.995	3.999	0.001	0.004
8	YD16	3.997	4.002	0.001	0.005
9	Z17C	4.115	4.114	0.000	−0.001
10	Z22C	4.021	4.028	0.000	0.007
11	Y17C	4.175	4.177	0.000	0.002
12	Y22C	4.204	4.208	0.001	0.004

(续表)

2023 年 1 月 27 日

序号	管桩编号	原始标高	标高	沉降量	累计沉降量
1	ZD1	6.430	6.430	0.000	0.000
2	YD1	6.448	6.441	0.000	−0.007
3	ZD5	6.157	6.141	0.000	−0.016
4	YD5	6.216	6.210	0.000	−0.006
5	ZD9	5.543	5.540	0.000	−0.003
6	YD9	5.400	5.395	0.000	−0.005
7	ZD16	3.995	3.999	0.000	0.004
8	YD16	3.997	4.000	−0.002	0.003
9	Z17C	4.115	4.114	0.000	−0.001
10	Z22C	4.021	4.028	0.000	0.007
11	Y17C	4.175	4.177	0.000	0.002
12	Y22C	4.204	4.207	−0.001	0.003

2023 年 2 月 2 日

序号	管桩编号	原始标高	标高	沉降量	累计沉降量
1	ZD1	6.430	6.430	0.000	0.000
2	YD1	6.448	6.441	0.000	−0.007
3	ZD5	6.157	6.141	0.000	−0.016
4	YD5	6.216	6.210	0.000	−0.006
5	ZD9	5.543	5.540	0.000	−0.003
6	YD9	5.400	5.395	0.000	−0.005
7	ZD16	3.995	3.999	0.000	0.004
8	YD16	3.997	4.000	0.000	0.003
9	Z17C	4.115	4.114	0.000	−0.001
10	Z22C	4.021	4.028	0.000	0.007
11	Y17C	4.175	4.177	0.000	0.002
12	Y22C	4.204	4.207	0.000	0.003

(续表)

2023年2月6日

序号	管桩编号	原始标高	标高	沉降量	累计沉降量
1	ZD1	6.430	6.427	−0.003	−0.003
2	YD1	6.448	6.442	0.001	−0.006
3	ZD5	6.157	6.143	0.002	−0.014
4	YD5	6.216	6.212	0.002	−0.004
5	ZD9	5.543	5.538	−0.002	−0.005
6	YD9	5.400	5.394	−0.001	−0.006
7	ZD16	3.995	3.998	−0.001	0.003
8	YD16	3.997	4.000	0.000	0.003
9	Z17C	4.115	4.114	0.000	−0.001
10	Z22C	4.021	4.028	0.000	0.007
11	Y17C	4.175	4.176	−0.001	0.001
12	Y22C	4.204	4.204	−0.003	0.000

2023年2月10日

序号	管桩编号	原始标高	标高	沉降量	累计沉降量
1	ZD1	6.430	6.427	0.000	−0.003
2	YD1	6.448	6.442	0.000	−0.006
3	ZD5	6.157	6.143	0.000	−0.014
4	YD5	6.216	6.212	0.000	−0.004
5	ZD9	5.543	5.538	0.000	−0.005
6	YD9	5.400	5.394	0.000	−0.006
7	ZD16	3.995	3.998	0.000	0.003
8	YD16	3.997	4.000	0.000	0.003
9	Z17C	4.115	4.114	0.000	−0.001
10	Z22C	4.021	4.028	0.000	0.007
11	Y17C	4.175	4.176	0.000	0.001
12	Y22C	4.204	4.204	0.000	0.000

(续表)

2023年2月14日

序号	管桩编号	原始标高	标高	沉降量	累计沉降量
1	ZD1	6.430	6.427	0.000	−0.003
2	YD1	6.448	6.442	0.000	−0.006
3	ZD5	6.157	6.143	0.000	−0.014
4	YD5	6.216	6.212	0.000	−0.004
5	ZD9	5.543	5.538	0.000	−0.005
6	YD9	5.400	5.394	0.000	−0.006
7	ZD16	3.995	3.998	0.000	0.003
8	YD16	3.997	4.000	0.000	0.003
9	Z17C	4.115	4.114	0.000	−0.001
10	Z22C	4.021	4.028	0.000	0.007
11	Y17C	4.175	4.176	0.000	0.001
12	Y22C	4.204	4.204	0.000	0.000

2023年2月16日

序号	管桩编号	原始标高	标高	沉降量	累计沉降量
1	ZD1	6.430	6.427	0.000	−0.003
2	YD1	6.448	6.442	0.000	−0.006
3	ZD5	6.157	6.143	0.000	−0.014
4	YD5	6.216	6.212	0.000	−0.004
5	ZD9	5.543	5.538	0.000	−0.005
6	YD9	5.400	5.394	0.000	−0.006
7	ZD16	3.995	3.998	0.000	0.003
8	YD16	3.997	4.000	0.000	0.003
9	Z17C	4.115	4.114	0.000	−0.001
10	Z22C	4.021	4.028	0.000	0.007
11	Y17C	4.175	4.176	0.000	0.001
12	Y22C	4.204	4.204	0.000	0.000
13	ZD23	5.004	5.004	5.004	0.000
14	YD23	5.804	5.804	5.804	0.000
15	ZD30	5.120	5.120	5.120	0.000
16	YD30	5.175	5.175	5.175	0.000

(续表)

2023 年 2 月 20 日

序号	管桩编号	原始标高	标高	沉降量	累计沉降量
1	ZD1	6.430	6.430	0.003	0.000
2	YD1	6.448	6.441	−0.001	−0.007
3	ZD5	6.157	6.146	0.003	−0.011
4	YD5	6.216	6.211	−0.001	−0.005
5	ZD9	5.543	5.538	0.000	−0.005
6	YD9	5.400	5.394	0.000	−0.006
7	ZD16	3.995	3.995	−0.003	0.000
8	YD16	3.997	3.999	−0.001	0.002
9	Z17C	4.115	4.114	0.000	−0.001
10	Z22C	4.021	4.020	−0.008	−0.001
11	Y17C	4.175	4.175	−0.001	0.000
12	Y22C	4.204	4.202	−0.002	−0.002
13	ZD23	5.004	5.003	−0.001	−0.001
14	YD23	5.804	5.804	0.000	0.000
15	ZD30	5.120	5.119	−0.001	−0.001
16	YD30	5.175	5.175	0.000	0.000

2023 年 2 月 24 日

序号	管桩编号	原始标高	标高	沉降量	累计沉降量
1	ZD1	6.430	6.430	0.000	0.000
2	YD1	6.448	6.441	0.000	−0.007
3	ZD5	6.157	6.146	0.000	−0.011
4	YD5	6.216	6.210	−0.001	−0.006
5	ZD9	5.543	5.538	0.000	−0.005
6	YD9	5.400	5.394	0.000	−0.006
7	ZD16	3.995	3.995	0.000	0.000
8	YD16	3.997	3.999	0.000	0.002

(续表)

序号	管桩编号	原始标高	标高	沉降量	累计沉降量
9	Z17C	4.115	4.114	0.000	−0.001
10	Z22C	4.021	4.020	0.000	−0.001
11	Y17C	4.175	4.175	0.000	0.000
12	Y22C	4.204	4.202	0.000	−0.002
13	ZD23	5.004	5.001	−0.002	−0.003
14	YD23	5.804	5.803	−0.001	−0.001
15	ZD30	5.120	5.119	0.000	−0.001
16	YD30	5.175	5.174	−0.001	−0.001

2023年2月28日

序号	管桩编号	原始标高	标高	沉降量	累计沉降量
1	ZD1	6.430	6.430	0.000	0.000
2	YD1	6.448	6.441	0.000	−0.007
3	ZD5	6.157	6.146	0.000	−0.011
4	YD5	6.216	6.210	0.000	−0.006
5	ZD9	5.543	5.538	0.000	−0.005
6	YD9	5.400	5.394	0.000	−0.006
7	ZD16	3.995	3.995	0.000	0.000
8	YD16	3.997	3.999	0.000	0.002
9	Z17C	4.115	4.114	0.000	−0.001
10	Z22C	4.021	4.022	0.002	0.001
11	Y17C	4.175	4.175	0.000	0.000
12	Y22C	4.204	4.204	0.002	0.000
13	ZD23	5.004	5.001	0.000	−0.003
14	YD23	5.804	5.803	0.000	−0.001
15	ZD30	5.120	5.119	0.000	−0.001
16	YD30	5.175	5.174	0.000	−0.001

(续表)

2023年3月1日

序号	管桩编号	原始标高	标高	沉降量	累计沉降量
1	ZD1	6.430	6.430	0.000	0.000
2	YD1	6.448	6.441	0.000	−0.007
3	ZD5	6.157	6.146	0.000	−0.011
4	YD5	6.216	6.210	0.000	−0.006
5	ZD9	5.543	5.538	0.000	−0.005
6	YD9	5.400	5.394	0.000	−0.006
7	ZD16	3.995	3.995	0.000	0.000
8	YD16	3.997	3.999	0.000	0.002
9	Z17C	4.115	4.114	0.000	−0.001
10	Z22C	4.021	4.022	0.000	0.001
11	Y17C	4.175	4.175	0.000	0.000
12	Y22C	4.204	4.204	0.000	0.000
13	ZD23	5.004	5.001	0.000	−0.003
14	YD23	5.804	5.803	0.000	−0.001
15	ZD30	5.120	5.119	0.000	−0.001
16	YD30	5.175	5.174	0.000	−0.001

2023年3月5日

序号	管桩编号	原始标高	标高	沉降量	累计沉降量
1	ZD1	6.430	6.430	0.000	0.000
2	YD1	6.448	6.441	0.000	−0.007
3	ZD5	6.157	6.146	0.000	−0.011
4	YD5	6.216	6.210	0.000	−0.006
5	ZD9	5.543	5.538	0.000	−0.005
6	YD9	5.400	5.394	0.000	−0.006
7	ZD16	3.995	3.995	0.000	0.000

（续表）

序号	管桩编号	原始标高	标高	沉降量	累计沉降量
8	YD16	3.997	3.999	0.000	0.002
9	Z17C	4.115	4.114	0.000	−0.001
10	Z22C	4.021	4.022	0.000	0.001
11	Y17C	4.175	4.175	0.000	0.000
12	Y22C	4.204	4.204	0.000	0.000
13	ZD23	5.004	5.001	0.000	−0.003
14	YD23	5.804	5.803	0.000	−0.001
15	ZD30	5.120	5.119	0.000	−0.001
16	YD30	5.175	5.174	0.000	−0.001

2023年3月9日

序号	管桩编号	原始标高	标高	沉降量	累计沉降量
1	ZD1	6.430	6.430	0.000	0.000
2	YD1	6.448	6.441	0.000	−0.007
3	ZD5	6.157	6.146	0.000	−0.011
4	YD5	6.216	6.210	0.000	−0.006
5	ZD9	5.543	5.538	0.000	−0.005
6	YD9	5.400	5.394	0.000	−0.006
7	ZD16	3.995	3.995	0.000	0.000
8	YD16	3.997	3.999	0.000	0.002
9	Z17C	4.115	4.112	−0.002	−0.003
10	Z22C	4.021	4.022	0.000	0.001
11	Y17C	4.175	4.175	0.000	0.000
12	Y22C	4.204	4.204	0.000	0.000
13	ZD23	5.004	5.001	0.000	−0.003
14	YD23	5.804	5.803	0.000	−0.001
15	ZD30	5.120	5.119	0.000	−0.001
16	YD30	5.175	5.174	0.000	−0.001

(续表)

2023年3月13日

序号	管桩编号	原始标高	标高	沉降量	累计沉降量
1	ZD1	6.430	6.430	0.000	0.000
2	YD1	6.448	6.441	0.000	−0.007
3	ZD5	6.157	6.146	0.000	−0.011
4	YD5	6.216	6.210	0.000	−0.006
5	ZD9	5.543	5.538	0.000	−0.005
6	YD9	5.400	5.394	0.000	−0.006
7	ZD16	3.995	3.995	0.000	0.000
8	YD16	3.997	3.999	0.000	0.002
9	Z17C	4.115	4.112	0.000	−0.003
10	Z22C	4.021	4.022	0.000	0.001
11	Y17C	4.175	4.175	0.000	0.000
12	Y22C	4.204	4.204	0.000	0.000
13	ZD23	5.004	5.001	0.000	−0.003
14	YD23	5.804	5.803	0.000	−0.001
15	ZD30	5.120	5.118	−0.001	−0.002
16	YD30	5.175	5.174	0.000	−0.001

2023年3月17日

序号	管桩编号	原始标高	标高	沉降量	累计沉降量
1	ZD1	6.430	6.428	−0.002	−0.002
2	YD1	6.448	6.440	−0.001	−0.008
3	ZD5	6.157	6.144	−0.002	−0.013
4	YD5	6.216	6.211	0.001	−0.005
5	ZD9	5.543	5.538	0.000	−0.005
6	YD9	5.400	5.394	0.000	−0.006
7	ZD16	3.995	3.995	0.000	0.000
8	YD16	3.997	3.998	−0.001	0.001
9	Z17C	4.115	4.112	0.000	−0.003

(续表)

序号	管桩编号	原始标高	标高	沉降量	累计沉降量
10	Z22C	4.021	4.021	−0.001	0.000
11	Y17C	4.175	4.175	0.000	0.000
12	Y22C	4.204	4.203	−0.001	−0.001
13	ZD23	5.004	5.003	0.002	−0.001
14	YD23	5.804	5.804	0.001	0.000
15	ZD30	5.120	5.119	0.001	−0.001
16	YD30	5.175	5.175	0.001	0.000

2023 年 3 月 21 日

序号	管桩编号	原始标高	标高	沉降量	累计沉降量
1	ZD1	6.430	6.428	0.000	−0.002
2	YD1	6.448	6.440	0.000	−0.008
3	ZD5	6.157	6.144	0.000	−0.013
4	YD5	6.216	6.211	0.000	−0.005
5	ZD9	5.543	5.538	0.000	−0.005
6	YD9	5.400	5.394	0.000	−0.006
7	ZD16	3.995	3.995	0.000	0.000
8	YD16	3.997	3.998	0.000	0.001
9	Z17C	4.115	4.111	−0.001	−0.004
10	Z22C	4.021	4.023	0.002	0.002
11	Y17C	4.175	4.177	0.002	0.002
12	Y22C	4.204	4.203	0.000	−0.001
13	ZD23	5.004	5.002	−0.001	−0.002
14	YD23	5.804	5.805	0.001	0.001
15	ZD30	5.120	5.118	−0.001	−0.002
16	YD30	5.175	5.175	0.000	0.000

2023 年 3 月 25 日

序号	管桩编号	原始标高	标高	沉降量	累计沉降量
1	ZD1	6.430	6.428	0.000	−0.002

（续表）

序号	管桩编号	原始标高	标高	沉降量	累计沉降量
2	YD1	6.448	6.440	0.000	−0.008
3	ZD5	6.157	6.146	0.002	−0.011
4	YD5	6.216	6.211	0.000	−0.005
5	ZD9	5.543	5.537	−0.001	−0.006
6	YD9	5.400	5.394	0.000	−0.006
7	ZD16	3.995	3.996	0.001	0.001
8	YD16	3.997	3.998	0.000	0.001
9	Z17C	4.115	4.113	0.002	−0.002
10	Z22C	4.021	4.022	−0.001	0.001
11	Y17C	4.175	4.176	−0.001	0.001
12	Y22C	4.204	4.199	−0.004	−0.005
13	ZD23	5.004	5.002	0.000	−0.002
14	YD23	5.804	5.806	0.001	0.002
15	ZD30	5.120	5.118	0.000	−0.002
16	YD30	5.175	5.175	0.000	0.000

2023年3月29日

序号	管桩编号	原始标高	标高	沉降量	累计沉降量
1	ZD1	6.430	6.430	0.002	0.000
2	YD1	6.448	6.442	0.002	−0.006
3	ZD5	6.157	6.146	0.000	−0.011
4	YD5	6.216	6.212	0.001	−0.004
5	ZD9	5.543	5.539	0.002	−0.004
6	YD9	5.400	5.394	0.000	−0.006
7	ZD16	3.995	3.997	0.001	0.002
8	YD16	3.997	4.001	0.003	0.004
9	Z17C	4.115	4.113	0.000	−0.002
10	Z22C	4.021	4.022	0.000	0.001
11	Y17C	4.175	4.178	0.002	0.003

(续表)

序号	管桩编号	原始标高	标高	沉降量	累计沉降量
12	Y22C	4.204	4.202	0.003	−0.002
13	ZD23	5.004	5.002	0.000	−0.002
14	YD23	5.804	5.806	0.000	0.002
15	ZD30	5.120	5.118	0.000	−0.002
16	YD30	5.175	5.175	0.000	0.000

2023 年 4 月 2 日

序号	管桩编号	原始标高	标高	沉降量	累计沉降量
1	ZD1	6.430	6.430	0.000	0.000
2	YD1	6.448	6.442	0.000	−0.006
3	ZD5	6.157	6.146	0.000	−0.011
4	YD5	6.216	6.212	0.000	−0.004
5	ZD9	5.543	5.539	0.000	−0.004
6	YD9	5.400	5.394	0.000	−0.006
7	ZD16	3.995	3.997	0.000	0.002
8	YD16	3.997	4.001	0.000	0.004
9	Z17C	4.115	4.113	0.000	−0.002
10	Z22C	4.021	4.022	0.000	0.001
11	Y17C	4.175	4.178	0.000	0.003
12	Y22C	4.204	4.202	0.000	−0.002
13	ZD23	5.004	5.002	0.000	−0.002
14	YD23	5.804	5.806	0.000	0.002
15	ZD30	5.120	5.118	0.000	−0.002
16	YD30	5.175	5.175	0.000	0.000

2023 年 4 月 6 日

序号	管桩编号	原始标高	标高	沉降量	累计沉降量
1	ZD1	6.430	6.430	0.000	0.000
2	YD1	6.448	6.443	0.001	−0.005
3	ZD5	6.157	6.145	−0.001	−0.012

(续表)

序号	管桩编号	原始标高	标高	沉降量	累计沉降量
4	YD5	6.216	6.212	0.000	−0.004
5	ZD9	5.543	5.538	−0.001	−0.005
6	YD9	5.400	5.395	0.001	−0.005
7	ZD16	3.995	3.997	0.000	0.002
8	YD16	3.997	4.001	0.000	0.004
9	Z17C	4.115	4.113	0.000	−0.002
10	Z22C	4.021	4.022	0.000	0.001
11	Y17C	4.175	4.178	0.000	0.003
12	Y22C	4.204	4.202	0.000	−0.002
13	ZD23	5.004	5.002	0.000	−0.002
14	YD23	5.804	5.806	0.000	0.002
15	ZD30	5.120	5.118	0.000	−0.002
16	YD30	5.175	5.175	0.000	0.000

2023年4月10日

序号	管桩编号	原始标高	标高	沉降量	累计沉降量
1	ZD1	6.430	6.430	0.000	0.000
2	YD1	6.448	6.442	−0.001	−0.006
3	ZD5	6.157	6.146	0.001	−0.011
4	YD5	6.216	6.212	0.000	−0.004
5	ZD9	5.543	5.538	0.000	−0.005
6	YD9	5.400	5.395	0.000	−0.005
7	ZD16	3.995	3.997	0.000	0.002
8	YD16	3.997	4.001	0.000	0.004
9	Z17C	4.115	4.113	0.000	−0.002
10	Z22C	4.021	4.022	0.000	0.001
11	Y17C	4.175	4.178	0.000	0.003
12	Y22C	4.204	4.202	0.000	−0.002
13	ZD23	5.004	5.002	0.000	−0.002

(续表)

序号	管桩编号	原始标高	标高	沉降量	累计沉降量
14	YD23	5.804	5.806	0.000	0.002
15	ZD30	5.120	5.118	0.000	−0.002
16	YD30	5.175	5.175	0.000	0.000

2023 年 4 月 14 日

序号	管桩编号	原始标高	标高	沉降量	累计沉降量
1	ZD1	6.430	6.430	0.000	0.000
2	YD1	6.448	6.442	0.000	−0.006
3	ZD5	6.157	6.146	0.000	−0.011
4	YD5	6.216	6.212	0.000	−0.004
5	ZD9	5.543	5.538	0.000	−0.005
6	YD9	5.400	5.395	0.000	−0.005
7	ZD16	3.995	3.997	0.000	0.002
8	YD16	3.997	4.001	0.000	0.004
9	Z17C	4.115	4.113	0.000	−0.002
10	Z22C	4.021	4.022	0.000	0.001
11	Y17C	4.175	4.178	0.000	0.003
12	Y22C	4.204	4.202	0.000	−0.002
13	ZD23	5.004	5.002	0.000	−0.002
14	YD23	5.804	5.806	0.000	0.002
15	ZD30	5.120	5.118	0.000	−0.002
16	YD30	5.175	5.175	0.000	0.000

2023 年 4 月 18 日

序号	管桩编号	原始标高	标高	沉降量	累计沉降量
1	ZD1	6.430	6.430	0.000	0.000
2	YD1	6.448	6.442	0.000	−0.006
3	ZD5	6.157	6.146	0.000	−0.011
4	YD5	6.216	6.212	0.000	−0.004
5	ZD9	5.543	5.538	0.000	−0.005

(续表)

序号	管桩编号	原始标高	标高	沉降量	累计沉降量
6	YD9	5.400	5.395	0.000	−0.005
7	ZD16	3.995	3.997	0.000	0.002
8	YD16	3.997	4.001	0.000	0.004
9	Z17C	4.115	4.113	0.000	−0.002
10	Z22C	4.021	4.022	0.000	0.001
11	Y17C	4.175	4.178	0.000	0.003
12	Y22C	4.204	4.202	0.000	−0.002
13	ZD23	5.004	5.002	0.000	−0.002
14	YD23	5.804	5.806	0.000	0.002
15	ZD30	5.120	5.118	0.000	−0.002
16	YD30	5.175	5.175	0.000	0.000

2023 年 4 月 22 日

序号	管桩编号	原始标高	标高	沉降量	累计沉降量
1	ZD1	6.430	6.430	0.000	0.000
2	YD1	6.448	6.442	0.000	−0.006
3	ZD5	6.157	6.146	0.000	−0.011
4	YD5	6.216	6.212	0.000	−0.004
5	ZD9	5.543	5.538	0.000	−0.005
6	YD9	5.400	5.395	0.000	−0.005
7	ZD16	3.995	3.997	0.000	0.002
8	YD16	3.997	4.001	0.000	0.004
9	Z17C	4.115	4.113	0.000	−0.002
10	Z22C	4.021	4.022	0.000	0.001
11	Y17C	4.175	4.178	0.000	0.003
12	Y22C	4.204	4.202	0.000	−0.002
13	ZD23	5.004	5.002	0.000	−0.002
14	YD23	5.804	5.806	0.000	0.002
15	ZD30	5.120	5.118	0.000	−0.002
16	YD30	5.175	5.175	0.000	0.000

(续表)

序号	管桩编号	原始标高	标高	沉降量	累计沉降量
		2023年4月24日			
1	ZD1	6.430	6.430	0.000	0.000
2	YD1	6.448	6.442	0.000	−0.006
3	ZD5	6.157	6.146	0.000	−0.011
4	YD5	6.216	6.212	0.000	−0.004
5	ZD9	5.543	5.538	0.000	−0.005
6	YD9	5.400	5.395	0.000	−0.005
7	ZD16	3.995	3.997	0.000	0.002
8	YD16	3.997	4.001	0.000	0.004
9	Z17C	4.115	4.113	0.000	−0.002
10	Z22C	4.021	4.022	0.000	0.001
11	Y17C	4.175	4.178	0.000	0.003
12	Y22C	4.204	4.202	0.000	−0.002
13	ZD23	5.004	5.002	0.000	−0.002
14	YD23	5.804	5.805	−0.001	0.001
15	ZD30	5.120	5.118	0.000	−0.002
16	YD30	5.175	5.175	0.000	0.000

图4-4中给出了选取的16个临时支架沉降监测点位的沉降量变化情况。从图中可以看出，总体来说，临时支架的沉降量很小，几乎都在±3 mm以内，最大的沉降量为−0.006 m，出现在Z22C处，为水中支架后部测点。

沉降量的变化随时间呈现出一定规律性，各个测点发生沉降的时间基本较为集中，与钢桁梁及导梁上支架或脱离支架的施工情况相吻合，即在钢桁梁及导梁上支架后，临时支架将会发生一定沉降，且沉降量较大，钢桁梁及导梁离开支架后，支架的沉降将会有所恢复。

由于选取了三处临时支架共16个测点，当钢桁梁及导梁顶推至新的支架位置的同时，相应地也离开了原来的支架位置，即存在不同测点位置分别出现"＋"与"−"的情况，与图中曲线的变化情况吻合。

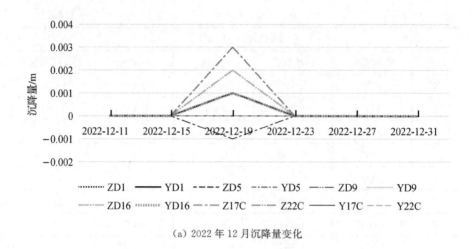

(a) 2022年12月沉降量变化

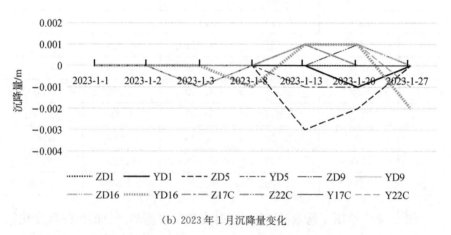

(b) 2023年1月沉降量变化

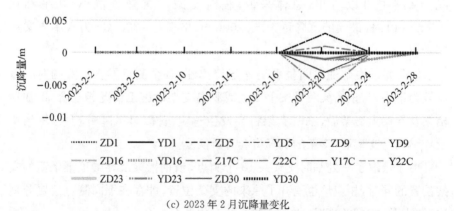

(c) 2023年2月沉降量变化

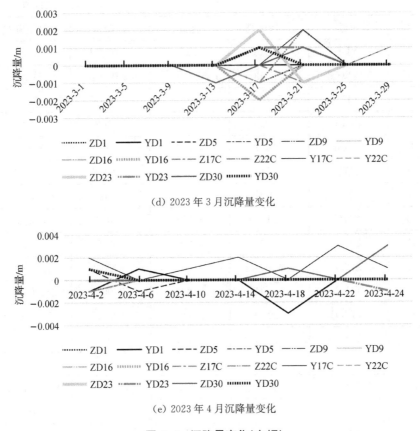

(d) 2023年3月沉降量变化

(e) 2023年4月沉降量变化

图 4-4 沉降量变化(左幅)

4.4.2 右幅钢桁梁临时支架沉降

钢管桩沉降变化检查记录(右幅)具体见表 4-2。

表 4-2 钢管桩沉降变化检查记录表(右幅)　　单位：m

2023年4月26日					
序号	管桩编号	原始标高	标高	沉降量	累计沉降量
1	ZD1	6.430	6.430	0.000	0.000
2	YD1	6.448	6.442	−0.006	−0.006
3	ZD5	6.157	6.146	−0.011	−0.011

(续表)

序号	管桩编号	原始标高	标高	沉降量	累计沉降量
4	YD5	6.216	6.212	−0.004	−0.004
5	ZD9	5.543	5.535	−0.008	−0.008
6	YD9	5.400	5.395	−0.005	−0.005
7	ZD16	3.995	3.997	0.002	0.002
8	YD16	3.997	4.001	0.004	0.004
9	Z17C	4.115	4.113	−0.002	−0.002
10	Z22C	4.021	4.022	0.001	0.001
11	Y17C	4.175	4.178	0.003	0.003
12	Y22C	4.204	4.202	−0.002	−0.002
13	ZD23	5.004	5.002	−0.002	−0.002
14	YD23	5.804	5.806	0.002	0.002
15	ZD30	5.120	5.115	−0.005	−0.005
16	YD30	5.175	5.175	0.000	0.000

2023年4月30日

序号	管桩编号	原始标高	标高	沉降量	累计沉降量
1	ZD1	6.430	6.430	0.000	0.000
2	YD1	6.448	6.442	0.000	−0.006
3	ZD5	6.157	6.146	0.000	−0.011
4	YD5	6.216	6.212	0.000	−0.004
5	ZD9	5.543	5.538	0.003	−0.005
6	YD9	5.400	5.395	0.000	−0.005
7	ZD16	3.995	3.997	0.000	0.002
8	YD16	3.997	4.001	0.000	0.004
9	Z17C	4.115	4.113	0.000	−0.002
10	Z22C	4.021	4.022	0.000	0.001
11	Y17C	4.175	4.178	0.000	0.003
12	Y22C	4.204	4.202	0.000	−0.002

(续表)

序号	管桩编号	原始标高	标高	沉降量	累计沉降量
13	ZD23	5.004	5.002	0.000	−0.002
14	YD23	5.804	5.806	0.000	0.002
15	ZD30	5.120	5.118	0.003	−0.002
16	YD30	5.175	5.175	0.000	0.000

2023年5月4日

序号	管桩编号	原始标高	标高	沉降量	累计沉降量
1	ZD1	6.430	6.427	−0.003	−0.003
2	YD1	6.448	6.440	−0.002	−0.008
3	ZD5	6.157	6.146	0.000	−0.011
4	YD5	6.216	6.212	0.000	−0.004
5	ZD9	5.543	5.538	0.000	−0.005
6	YD9	5.400	5.395	0.000	−0.005
7	ZD16	3.995	3.997	0.000	0.002
8	YD16	3.997	4.001	0.000	0.004
9	Z17C	4.115	4.114	0.001	−0.001
10	Z22C	4.021	4.025	0.003	0.004
11	Y17C	4.175	4.178	0.000	0.003
12	Y22C	4.204	4.204	0.002	0.000
13	ZD23	5.004	5.002	0.000	−0.002
14	YD23	5.804	5.806	0.000	0.002
15	ZD30	5.120	5.118	0.000	−0.002
16	YD30	5.175	5.175	0.000	0.000

2023年5月8日

序号	管桩编号	原始标高	标高	沉降量	累计沉降量
1	ZD1	6.430	6.427	0.000	−0.003
2	YD1	6.448	6.440	0.000	−0.008
3	ZD5	6.157	6.146	0.000	−0.011

(续表)

序号	管桩编号	原始标高	标高	沉降量	累计沉降量
4	YD5	6.216	6.212	0.000	−0.004
5	ZD9	5.543	5.538	0.000	−0.005
6	YD9	5.400	5.395	0.000	−0.005
7	ZD16	3.995	3.997	0.000	0.002
8	YD16	3.997	4.001	0.000	0.004
9	Z17C	4.115	4.114	0.000	−0.001
10	Z22C	4.021	4.025	0.000	0.004
11	Y17C	4.175	4.178	0.000	0.003
12	Y22C	4.204	4.202	−0.002	−0.002
13	ZD23	5.004	5.002	0.000	−0.002
14	YD23	5.804	5.806	0.000	0.002
15	ZD30	5.120	5.118	0.000	−0.002
16	YD30	5.175	5.175	0.000	0.000

2023年5月12日

序号	管桩编号	原始标高	标高	沉降量	累计沉降量
1	ZD1	6.430	6.427	0.000	−0.003
2	YD1	6.448	6.440	0.000	−0.008
3	ZD5	6.157	6.146	0.000	−0.011
4	YD5	6.216	6.212	0.000	−0.004
5	ZD9	5.543	5.538	0.000	−0.005
6	YD9	5.400	5.395	0.000	−0.005
7	ZD16	3.995	3.997	0.000	0.002
8	YD16	3.997	4.001	0.000	0.004
9	Z17C	4.115	4.114	0.000	−0.001
10	Z22C	4.021	4.025	0.000	0.004
11	Y17C	4.175	4.178	0.000	0.003
12	Y22C	4.204	4.204	0.002	0.000

(续表)

序号	管桩编号	原始标高	标高	沉降量	累计沉降量
13	ZD23	5.004	5.002	0.000	−0.002
14	YD23	5.804	5.806	0.000	0.002
15	ZD30	5.120	5.118	0.000	−0.002
16	YD30	5.175	5.175	0.000	0.000

2023年5月16日

序号	管桩编号	原始标高	标高	沉降量	累计沉降量
1	ZD1	6.430	6.427	0.000	−0.003
2	YD1	6.448	6.440	0.000	−0.008
3	ZD5	6.157	6.146	0.000	−0.011
4	YD5	6.216	6.212	0.000	−0.004
5	ZD9	5.543	5.537	−0.001	−0.006
6	YD9	5.400	5.395	0.000	−0.005
7	ZD16	3.995	3.997	0.000	0.002
8	YD16	3.997	4.001	0.000	0.004
9	Z17C	4.115	4.113	−0.001	−0.002
10	Z22C	4.021	4.025	0.000	0.004
11	Y17C	4.175	4.178	0.000	0.003
12	Y22C	4.204	4.204	0.000	0.000
13	ZD23	5.004	5.002	0.000	−0.002
14	YD23	5.804	5.806	0.000	0.002
15	ZD30	5.120	5.118	0.000	−0.002
16	YD30	5.175	5.175	0.000	0.000

2023年5月20日

序号	管桩编号	原始标高	标高	沉降量	累计沉降量
1	ZD1	6.430	6.427	0.000	−0.003
2	YD1	6.448	6.440	0.000	−0.008
3	ZD5	6.157	6.146	0.000	−0.011

(续表)

序号	管桩编号	原始标高	标高	沉降量	累计沉降量
4	YD5	6.216	6.212	0.000	−0.004
5	ZD9	5.543	5.538	0.001	−0.005
6	YD9	5.400	5.395	0.000	−0.005
7	ZD16	3.995	3.997	0.000	0.002
8	YD16	3.997	4.001	0.000	0.004
9	Z17C	4.115	4.113	0.000	−0.002
10	Z22C	4.021	4.025	0.000	0.004
11	Y17C	4.175	4.178	0.000	0.003
12	Y22C	4.204	4.204	0.000	0.000
13	ZD23	5.004	5.002	0.000	−0.002
14	YD23	5.804	5.804	−0.002	0.000
15	ZD30	5.120	5.117	−0.001	−0.003
16	YD30	5.175	5.175	0.000	0.000

2023年5月24日

序号	管桩编号	原始标高	标高	沉降量	累计沉降量
1	ZD1	6.430	6.425	−0.002	−0.005
2	YD1	6.448	6.440	0.000	−0.008
3	ZD5	6.157	6.146	0.000	−0.011
4	YD5	6.216	6.212	0.000	−0.004
5	ZD9	5.543	5.538	0.000	−0.005
6	YD9	5.400	5.395	0.000	−0.005
7	ZD16	3.995	3.997	0.000	0.002
8	YD16	3.997	4.001	0.000	0.004
9	Z17C	4.115	4.113	0.000	−0.002
10	Z22C	4.021	4.024	−0.001	0.003
11	Y17C	4.175	4.178	0.000	0.003
12	Y22C	4.204	4.204	0.000	0.000

(续表)

序号	管桩编号	原始标高	标高	沉降量	累计沉降量
13	ZD23	5.004	5.002	0.000	−0.002
14	YD23	5.804	5.804	0.000	0.000
15	ZD30	5.120	5.118	0.001	−0.002
16	YD30	5.175	5.174	−0.001	−0.001

2023年5月28日

序号	管桩编号	原始标高	标高	沉降量	累计沉降量
1	ZD1	6.430	6.425	0.000	−0.005
2	YD1	6.448	6.440	0.000	−0.008
3	ZD5	6.157	6.146	0.000	−0.011
4	YD5	6.216	6.212	0.000	−0.004
5	ZD9	5.543	5.538	0.000	−0.005
6	YD9	5.400	5.395	0.000	−0.005
7	ZD16	3.995	3.997	0.000	0.002
8	YD16	3.997	4.001	0.000	0.004
9	Z17C	4.115	4.113	0.000	−0.002
10	Z22C	4.021	4.024	0.000	0.003
11	Y17C	4.175	4.178	0.000	0.003
12	Y22C	4.204	4.204	0.000	0.000
13	ZD23	5.004	5.002	0.000	−0.002
14	YD23	5.804	5.804	0.000	0.000
15	ZD30	5.120	5.118	0.000	−0.002
16	YD30	5.175	5.174	0.000	−0.001

2023年6月2日

序号	管桩编号	原始标高	标高	沉降量	累计沉降量
1	ZD1	6.430	6.424	−0.001	−0.006
2	YD1	6.448	6.440	0.000	−0.008
3	ZD5	6.157	6.146	0.000	−0.011

(续表)

序号	管桩编号	原始标高	标高	沉降量	累计沉降量
4	YD5	6.216	6.212	0.000	−0.004
5	ZD9	5.543	5.538	0.000	−0.005
6	YD9	5.400	5.395	0.000	−0.005
7	ZD16	3.995	3.997	0.000	0.002
8	YD16	3.997	4.001	0.000	0.004
9	Z17C	4.115	4.113	0.000	−0.002
10	Z22C	4.021	4.024	0.000	0.003
11	Y17C	4.175	4.178	0.000	0.003
12	Y22C	4.204	4.204	0.000	0.000
13	ZD23	5.004	5.002	0.000	−0.002
14	YD23	5.804	5.804	0.000	0.000
15	ZD30	5.120	5.118	0.000	−0.002
16	YD30	5.175	5.174	0.000	−0.001

2023年6月6日

序号	管桩编号	原始标高	标高	沉降量	累计沉降量
1	ZD1	6.430	6.425	0.001	−0.005
2	YD1	6.448	6.440	0.000	−0.008
3	ZD5	6.157	6.146	0.000	−0.011
4	YD5	6.216	6.212	0.000	−0.004
5	ZD9	5.543	5.538	0.000	−0.005
6	YD9	5.400	5.395	0.000	−0.005
7	ZD16	3.995	3.996	−0.001	0.001
8	YD16	3.997	4.001	0.000	0.004
9	Z17C	4.115	4.113	0.000	−0.002
10	Z22C	4.021	4.024	0.000	0.003
11	Y17C	4.175	4.178	0.000	0.003
12	Y22C	4.204	4.204	0.000	0.000

(续表)

序号	管桩编号	原始标高	标高	沉降量	累计沉降量
13	ZD23	5.004	5.002	0.000	−0.002
14	YD23	5.804	5.804	0.000	0.000
15	ZD30	5.120	5.118	0.000	−0.002
16	YD30	5.175	5.174	0.000	−0.001

2023年6月10日

序号	管桩编号	原始标高	标高	沉降量	累计沉降量
1	ZD1	6.430	6.425	0.000	−0.005
2	YD1	6.448	6.440	0.000	−0.008
3	ZD5	6.157	6.146	0.000	−0.011
4	YD5	6.216	6.212	0.000	−0.004
5	ZD9	5.543	5.538	0.000	−0.005
6	YD9	5.400	5.395	0.000	−0.005
7	ZD16	3.995	3.996	0.000	0.001
8	YD16	3.997	4.001	0.000	0.004
9	Z17C	4.115	4.113	0.000	−0.002
10	Z22C	4.021	4.024	0.000	0.003
11	Y17C	4.175	4.178	0.000	0.003
12	Y22C	4.204	4.204	0.000	0.000
13	ZD23	5.004	5.001	−0.001	−0.003
14	YD23	5.804	5.804	0.000	0.000
15	ZD30	5.120	5.118	0.000	−0.002
16	YD30	5.175	5.174	0.000	−0.001

2023年6月14日

序号	管桩编号	原始标高	标高	沉降量	累计沉降量
1	ZD1	6.430	6.425	0.000	−0.005
2	YD1	6.448	6.439	−0.001	−0.009
3	ZD5	6.157	6.146	0.000	−0.011

(续表)

序号	管桩编号	原始标高	标高	沉降量	累计沉降量
4	YD5	6.216	6.211	−0.001	−0.005
5	ZD9	5.543	5.537	−0.001	−0.006
6	YD9	5.400	5.395	0.000	−0.005
7	ZD16	3.995	3.997	0.001	0.002
8	YD16	3.997	4.001	0.000	0.004
9	Z17C	4.115	4.113	0.000	−0.002
10	Z22C	4.021	4.024	0.000	0.003
11	Y17C	4.175	4.177	−0.001	0.002
12	Y22C	4.204	4.204	0.000	0.000
13	ZD23	5.004	5.002	0.001	−0.002
14	YD23	5.804	5.804	0.000	0.000
15	ZD30	5.120	5.117	−0.001	−0.003
16	YD30	5.175	5.174	0.000	−0.001

2023 年 6 月 18 日

序号	管桩编号	原始标高	标高	沉降量	累计沉降量
1	ZD1	6.430	6.425	0.000	−0.005
2	YD1	6.448	6.439	0.000	−0.009
3	ZD5	6.157	6.146	0.000	−0.011
4	YD5	6.216	6.212	0.001	−0.004
5	ZD9	5.543	5.536	−0.001	−0.007
6	YD9	5.400	5.395	0.000	−0.005
7	ZD16	3.995	3.997	0.000	0.002
8	YD16	3.997	4.001	0.000	0.004
9	Z17C	4.115	4.113	0.000	−0.002
10	Z22C	4.021	4.024	0.000	0.003
11	Y17C	4.175	4.177	0.000	0.002
12	Y22C	4.204	4.204	0.000	0.000

(续表)

序号	管桩编号	原始标高	标高	沉降量	累计沉降量
13	ZD23	5.004	5.002	0.000	−0.002
14	YD23	5.804	5.804	0.000	0.000
15	ZD30	5.120	5.117	0.000	−0.003
16	YD30	5.175	5.174	0.000	−0.001

2023 年 6 月 22 日

序号	管桩编号	原始标高	标高	沉降量	累计沉降量
1	ZD1	6.430	6.425	0.000	−0.005
2	YD1	6.448	6.439	0.000	−0.009
3	ZD5	6.157	6.146	0.000	−0.011
4	YD5	6.216	6.212	0.000	−0.004
5	ZD9	5.543	5.534	−0.002	−0.009
6	YD9	5.400	5.395	0.000	−0.005
7	ZD16	3.995	3.997	0.000	0.002
8	YD16	3.997	4.001	0.000	0.004
9	Z17C	4.115	4.113	0.000	−0.002
10	Z22C	4.021	4.024	0.000	0.003
11	Y17C	4.175	4.177	0.000	0.002
12	Y22C	4.204	4.204	0.000	0.000
13	ZD23	5.004	5.002	0.000	−0.002
14	YD23	5.804	5.804	0.000	0.000
15	ZD30	5.120	5.117	0.000	−0.003
16	YD30	5.175	5.176	0.002	0.001

2023 年 6 月 26 日

序号	管桩编号	原始标高	标高	沉降量	累计沉降量
1	ZD1	6.430	6.425	0.000	−0.005
2	YD1	6.448	6.439	0.000	−0.009
3	ZD5	6.157	6.146	0.000	−0.011

(续表)

序号	管桩编号	原始标高	标高	沉降量	累计沉降量
4	YD5	6.216	6.212	0.000	−0.004
5	ZD9	5.543	5.536	0.002	−0.007
6	YD9	5.400	5.395	0.000	−0.005
7	ZD16	3.995	3.997	0.000	0.002
8	YD16	3.997	4.001	0.000	0.004
9	Z17C	4.115	4.113	0.000	−0.002
10	Z22C	4.021	4.024	0.000	0.003
11	Y17C	4.175	4.177	0.000	0.002
12	Y22C	4.204	4.204	0.000	0.000
13	ZD23	5.004	5.002	0.000	−0.002
14	YD23	5.804	5.804	0.000	0.000
15	ZD30	5.120	5.117	0.000	−0.003
16	YD30	5.175	5.174	−0.002	−0.001

2023年6月30日

序号	管桩编号	原始标高	标高	沉降量	累计沉降量
1	ZD1	6.430	6.424	−0.001	−0.006
2	YD1	6.448	6.438	−0.001	−0.010
3	ZD5	6.157	6.146	0.000	−0.011
4	YD5	6.216	6.212	0.000	−0.004
5	ZD9	5.543	5.533	−0.003	−0.010
6	YD9	5.400	5.394	−0.001	−0.006
7	ZD16	3.995	3.997	0.000	0.002
8	YD16	3.997	4.001	0.000	0.004
9	Z17C	4.115	4.113	0.000	−0.002
10	Z22C	4.021	4.025	0.001	0.004
11	Y17C	4.175	4.177	0.000	0.002
12	Y22C	4.204	4.202	−0.002	−0.002

(续表)

序号	管桩编号	原始标高	标高	沉降量	累计沉降量
13	ZD23	5.004	5.002	0.000	−0.002
14	YD23	5.804	5.806	0.002	0.002
15	ZD30	5.120	5.116	−0.001	−0.004
16	YD30	5.175	5.174	0.000	−0.001

2023年7月2日

序号	管桩编号	原始标高	标高	沉降量	累计沉降量
1	ZD1	6.430	6.425	0.001	−0.005
2	YD1	6.448	6.439	0.001	−0.009
3	ZD5	6.157	6.146	0.000	−0.011
4	YD5	6.216	6.212	0.000	−0.004
5	ZD9	5.543	5.536	0.003	−0.007
6	YD9	5.400	5.395	0.001	−0.005
7	ZD16	3.995	3.996	−0.001	0.001
8	YD16	3.997	4.001	0.000	0.004
9	Z17C	4.115	4.113	0.000	−0.002
10	Z22C	4.021	4.024	−0.001	0.003
11	Y17C	4.175	4.177	0.000	0.002
12	Y22C	4.204	4.204	0.002	0.000
13	ZD23	5.004	5.002	0.000	−0.002
14	YD23	5.804	5.804	−0.002	0.000
15	ZD30	5.120	5.117	0.001	−0.003
16	YD30	5.175	5.174	0.000	−0.001

2023年7月4日

序号	管桩编号	原始标高	标高	沉降量	累计沉降量
1	ZD1	6.430	6.425	0.000	−0.005
2	YD1	6.448	6.439	0.000	−0.009
3	ZD5	6.157	6.146	0.000	−0.011

(续表)

序号	管桩编号	原始标高	标高	沉降量	累计沉降量
4	YD5	6.216	6.212	0.000	−0.004
5	ZD9	5.543	5.536	0.000	−0.007
6	YD9	5.400	5.391	−0.004	−0.009
7	ZD16	3.995	3.997	0.001	0.002
8	YD16	3.997	4.001	0.000	0.004
9	Z17C	4.115	4.113	0.000	−0.002
10	Z22C	4.021	4.024	0.000	0.003
11	Y17C	4.175	4.177	0.000	0.002
12	Y22C	4.204	4.204	0.000	0.000
13	ZD23	5.004	5.002	0.000	−0.002
14	YD23	5.804	5.804	0.000	0.000
15	ZD30	5.120	5.116	−0.001	−0.004
16	YD30	5.175	5.174	0.000	−0.001

图 4-5 中给出了右幅钢桁梁顶推施工过程中支架沉降量的变化情况。由于右幅钢桁梁采用与左幅钢桁梁相同的施工方案,因此沉降量的变化从

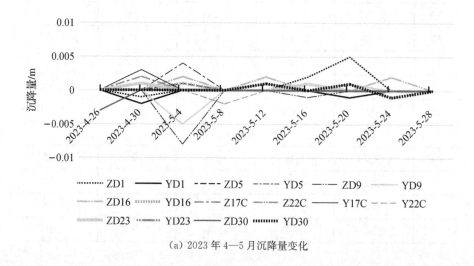

(a) 2023 年 4—5 月沉降量变化

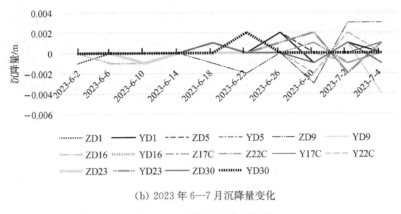

(b) 2023年6—7月沉降量变化

图 4-5　沉降量变化(右幅)

理论分析来说应该与左幅支架沉降量的变化相似,而上述图表也印证了这一结论,因此不再赘述。

总之,临时支架的沉降量随着钢桁梁及导梁的顶推位置发生变化,各个支架监测点位出现变化的时间与钢桁架及导梁上支架或脱离支架的时间对应。沉降量数值较小,说明支架沉降稳定性满足要求。

4.5　钢桁梁抗倾覆验算

顶推施工过程中,当结构处于悬臂状态时,需满足抗倾覆稳定需求。根据《公路钢结构桥梁设计规范》(JTG D64—2015),上部结构采用整体式截面的梁桥在持久状况下结构体系不应发生改变,并应按下列规定验算横桥向抗倾覆性能:

(1) 在作用基本组合下,单向受压支座始终保持受压状态。

(2) 当整联只采用单向受压支座支承时,应符合下列要求:

$$\frac{\sum S_{bk,i}}{\sum S_{sk,i}} \geqslant k_{qf} \tag{4.6}$$

式中,k_{qf} 表示横向抗倾覆稳定系数,取 $k_{qf}=2.5$;$\sum S_{bk,i}$ 表示使上部结构稳定的作用基本组合(分项系数均为1.0)的效应设计值;$\sum S_{sk,i}$ 表示使上部结构失稳的作用基本组合(分项系数均为1.0)的效应设计值。

根据常泰大桥北接线的施工流程图纸,阶段2、阶段7(按两次拼装施工)为控制工况,应重点关注此工况下结构的抗倾覆稳定性。阶段2、阶段7的施工示意图如图4-6、图4-7所示,抗倾覆稳定的具体情况如图4-8所示。

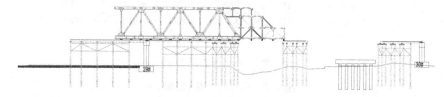

图4-6　阶段2的施工示意图

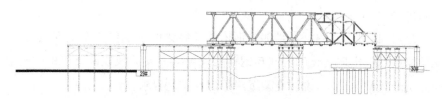

图4-7　阶段7的施工示意图

阶段2与阶段7的计算模型如图4-8所示。

对于阶段2,稳定力矩为442 227.5 kN·m,倾覆力矩为10 592.8 kN·m,抗倾覆稳定系数为442 227.5/10 592.8≈41.7＞2.5,故阶段2抗倾覆稳定满足规范要求。

对于阶段7,稳定力矩为225 288.25 kN·m,倾覆力矩为63 794.425 kN·m,抗倾覆稳定系数为225 288.25/63 794.425≈3.5＞2.5,故阶段7抗倾覆稳定满足规范要求。由于左右侧河道中间支架位置相差8 m,因此阶段7还可能存在横桥向的扭转。

需要说明的是,这里的阶段7为按两次拼装时的CS7,对应按三次拼装施工阶段应为阶段8,由于多拼装了两个节间,稳定力矩相比更大,更加稳定。

第四章 稳定性及抗倾覆关键技术

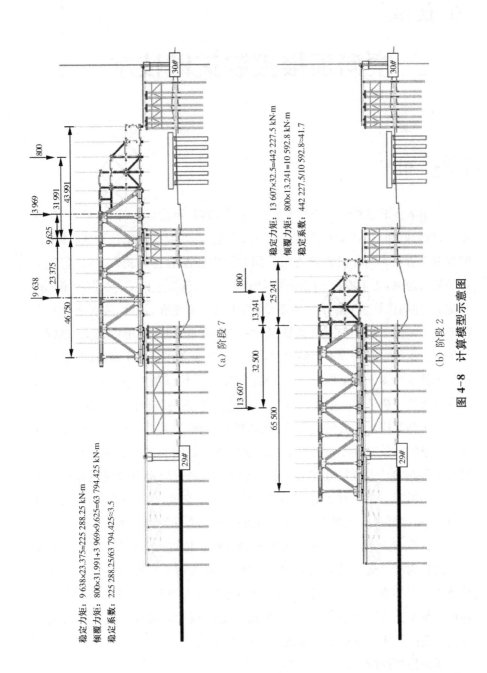

图 4-8 计算模型示意图

第五章

横向顶推控制关键技术

5.1 引言

常泰大桥北接线钢桁梁桥布置为左、右两幅,钢桁梁上跨 G345 安装,跨度大,桁架桥和 G345 斜交角度为 108.2°,左、右两幅桥墩错位布置,水中航道难以设置较多的临时钢管支墩。同时河中船舶航行量较大,难以保证大跨径临时通航,更不能长时间断航封闭施工。为保证上跨 G345 钢桁梁不断航施工,并确保施工阶段的通航不受限,需设置通航孔,因此,临时支架布置难度较大。为了减小临时支架数量,在钢桁梁施工时,采用单幅支撑结构,整体分三次进行纵向顶推滑移过河,当该幅桁架滑移至支座位置时,采用横向顶推技术使得钢桁梁横移就位、落梁固定。一幅桥顶推施工完成后,再在原有的支架上拼装另一幅桥,用同样的方法进行拼装和顶推跨河施工。

由于两幅桥里程方向交叉,因此选择在右幅 29#墩后搭设钢桁梁拼装支架和纵向滑道梁等临时支撑结构。横桥向搭设横向滑移临时钢管支架和滑道梁至左幅桥墩位置处,临时支架结构采用钢管型钢组合焊接而成。横向滑道与纵向滑道在右幅的左侧滑道形成十字交叉,以纵向滑道为通常滑道设置,横向滑道与其焊接固定,两组滑道面在同一个水平面上。

在钢桁架梁整体纵向滑移至横向轴线预定位置后,通过设置在两个主墩上的横向滑道梁和滑道梁上的反力座板,直接用千斤顶顶升横向进行滑移施工。滑移施工主要采用 4 台 500 t 的液压千斤顶进行,液压千斤顶设置在桁架桥梁支座底板的外侧,千斤顶反力支座板为直接在滑道梁上焊接的反向型钢限位板。横移施工布置如图 5-1 所示。

横向顶推控制关键技术如下:

(1) 主墩上横向顶推滑道架设及布置技术;

(2) 基于 500 t 级液压千斤顶的同步顶推技术；

(3) 横向顶推行程控制技术；

(4) 横向顶推高程及线形控制技术。

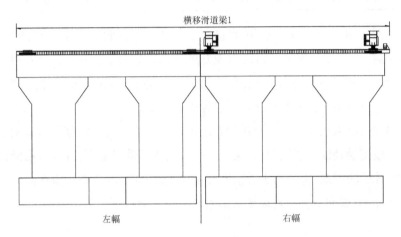

图 5-1　横移施工横断面布置

5.2　主墩上横向顶推滑道架设及布置技术

横向滑道主要支承桁架桥梁，纵向滑移结束，落梁后中间所有受力支点滑块全部拆除，钢桁梁的重量全部由横向滑道承受。该滑道布设在 29#、30# 墩上，其上部同样设有承重滑道梁，滑道长度为 40 m。横向滑道现场实拍图如图 5-2 所示。

支架结构体系如表 5-1 所示。

图 5-2　横向滑道现场实拍图

表 5-1 横向滑道支架结构

序号	项目名称	具体材料及参数
1	布置位置	29#、30#墩上
2	滑道梁	单排2HW400×400×13×21H型钢
3	滑道表面处理	滑道表面铺设2 mm厚不锈钢板,以便于MGE自润滑板的滑移

临时支墩上布置脚手架,可直接在支墩的横撑处设置上下钢梯踏步(在地面上时,先安装于支架上),同时做好外围防护栏杆,确保上下行人和工作的安全。在钢管支架立柱的顶部,用铝制专用脚手板,铺设高空作业脚手平台,用铁丝牢固固定好脚手板和钢管等型钢支架。

横向滑移采用支座节点下单滑靴滑板在滑道梁上进行滑移。滑道梁上表面和滑板接触处铺不锈钢板,为保证支座滑靴在滑道梁上平稳前进,在滑板下涂抹特殊的润滑剂,每个支座滑靴下设置0.7 m×0.6 m滑板。滑靴断面图如图5-3所示,横向滑移滑靴现场实拍图如图5-4所示。

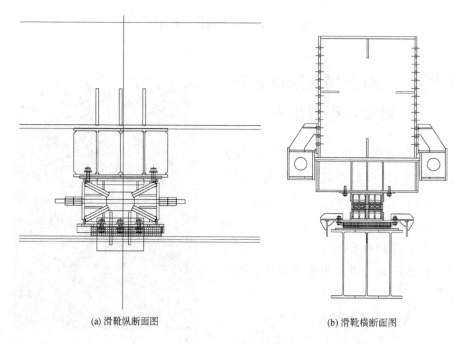

(a) 滑靴纵断面图 (b) 滑靴横断面图

图 5-3 滑靴断面图

图 5-4　横向滑移滑靴现场实拍图

5.3　基于 500 t 级液压千斤顶的同步顶推技术

顶推系统包括 4 台 ZLD200 连续顶推千斤顶、4 台 ZLDB200 液压泵站、1 套 ZLDK 就地控柜以及电磁阀和高压油管等配套设备。横向滑移时采用 500 t 液压千斤顶,同步控制顶推。

在纵向顶推滑移至预定位置后,即可布设横向滑移的有关顶推滑移设备和设施。其中,横向滑移的千斤顶后锚点的设置,和混凝土墩帽梁预埋钢板焊接牢固,如顶推滑移行程不足,还应设置顶推撑杆连接件。顶推时注意桁架桥的下挠变化和上下震动幅度频率情况。横向顶推就位后,先调整桁架桥的纵向轴线,再调整横向轴线,最后调整高程和安装支座固定螺栓等。所有调整工作均在桁架落梁前完成,报检合格后方可进行落架固定。

横移施工时,水平千斤顶支点位置设置在主桁下弦杆端部底板位置,且有竖向加劲板处(顶推时的作用力点主要位于主桁下弦杆底板处)。由于主桁下弦杆底板突出一定距离,为保证顶推时千斤顶的作用力不直接作用在底板上,设置 3 块异形钢板 N1。N1 钢板端头(千斤顶侧)设置一块

250 mm×350 mm×20 mm 的 N2 钢板,顶升千斤顶时作用在该钢板上;在两侧的 N1 钢板端部各设置一块 300 mm×300 mm×20 mm 的 N3 钢板,在 N3 钢板与主桁外腹板间设置型钢支垫,具体布置如图 5-5 所示。以 40 mm 底板和一块侧向 30 mm 加强钢板为例,作用力长度取 300 mm,计算水平顶推时的内力,计算方法如下:

$$A = 40 \text{ mm} \times 300 \text{ mm} + 30 \text{ mm} \times 300 \text{ mm} = 21\,000 \text{ mm}^2$$

$$f = \frac{N}{A} = \frac{2\,500 \text{ kN}}{21\,000 \text{ mm}^2} \approx 119 \text{ MPa} < 205 \text{ MPa}$$

计算得到的水平顶推内力小于钢材强度 205 MPa,满足要求。

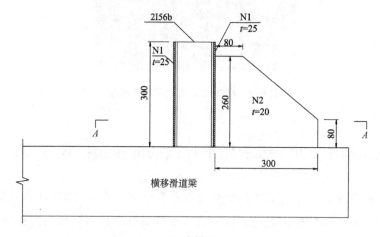

(a) 大样 N1

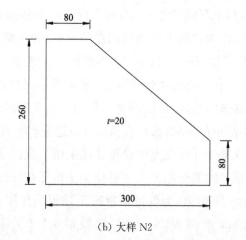

(b) 大样 N2

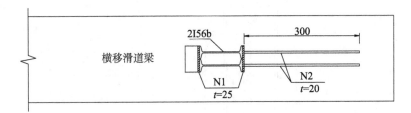

(c) A—A 剖面

图 5-5　横向顶推加强构件详图(单位：mm)

由于水平千斤顶行程有限,不可能一次性将钢桁架梁横移顶推到位,在每次千斤顶顶升一个行程后,必须在千斤顶后部设置型钢支垫块,以保证横移的连续进行。横移千斤顶横纵断面示意图如图 5-6 所示,现场实拍横移千斤顶如图 5-7 所示。

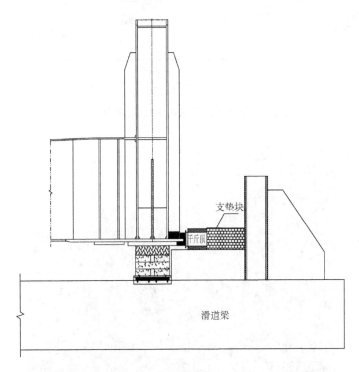

(a) 横断面图

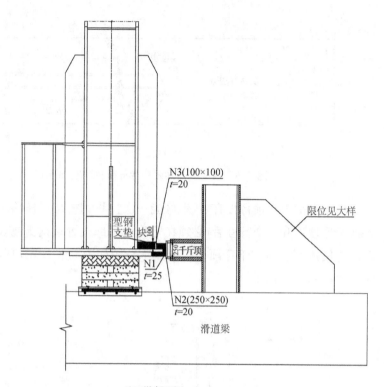

(b)纵断面图

图 5-6 横移千斤顶结构断面图(单位:mm)

图 5-7 横移千斤顶实拍图

5.4 横向顶推行程控制技术

在钢桁梁完成纵向顶推后,应对临时墩变形进行再次观测,特别是横向滑道位置的变形。如发现上下滑道间有空隙则立即用钢板进行支垫,使上下滑道密贴。待准备就绪后,安装背梁和千斤顶。千斤顶应选用集中自动控制系统,以满足在推力不同的情况下有相同的顶推速度。正式施工顶推前应对顶推设备进行调试并进行试顶,使箱体移动 1~2 cm。试顶时仔细观察梁体变化、顶进设备、顶力等情况,如发现异常或与设计相差较大时,要找出原因进行相应的调整,然后再进行正式顶推施工。

(1) 顶进行程按千斤顶理论行程的 80% 控制。

(2) 顶进时为方便控制各项行程,在顶进施工前、测量后背基线时,以后背基线为基准,在滑道下钢板上以 0.5 m 为刻度进行标记。顶进时每个千斤顶位置处配置相同刻度值对顶程进行量测并控制。

(3) 每顶进 2 m,用紧线器对刻度进行复核,以保证精度。

(4) 在距就位位置 1 m 时,对后背位置进行一次调整;距就位位置 100~150 mm 时,放慢顶进速度,以防止顶进超过就位位置。

5.5 横向顶推高程及线形控制技术

(1) 中线控制

顶进时在桥台位置分别设置观测站,梁体对应观测点位置用墨线弹出,观测中线。每一顶进循环观测一次,在利用观测站观测的同时,设专人观测梁体与限位器的位置变化,并与预制完成后的初始状态进行对比。

(2) 高程控制

施工前,将设计水准点分别引至桥台上,每个水准点至少要测两个测回,闭合后方可使用。预制梁体完成后,在梁体顶面对应支座位置处顶测两点,记下原始数据,顶进时按原始数据控制,同时控制临时墩的沉降。

(3) 梁体线形控制

顶推过程中梁体受水平推力会侧弯,滑道沉降会引起竖向线形变化。因此在顶推前应测出主梁的线形,顶进时在梁的侧面和端面设置经纬仪,观测线形变化情况,控制侧弯与竖弯。

第六章

临时墩防撞设计关键技术

6.1 引言

6.1.1 研究目的及意义

船桥碰撞事故不仅直接造成桥梁坍塌、船舶损坏的巨大财产损失,事故导致的水路交通瘫痪也间接引起了巨大的经济损失,事故严重时还会对船员及桥上人员的人身安全造成威胁,事故后桥梁的损伤也会引发人民对桥梁设计的不信任感,造成极坏的社会影响。2021年国内部分船桥撞击事故如图6-1所示。

(a) 2021年1月5日九圩港英雄大桥中跨桥面垮塌

(b) 2021年7月13日广州番禺北斗大桥桥墩严重受损

(c) 2021年9月10日扬州壁虎大桥桥身倒塌

图6-1 2021年国内部分船桥撞击事故

通过对船桥相撞事故带来的惨痛教训的总结，应该认识到深入研究船桥碰撞中遵循的力学原理、桥梁结构的变化规律和结构响应的必要性和紧迫性。随着计算机硬件技术和有限元软件的不断进步，船桥碰撞的数值模拟效果愈加接近实际，节省了进行大量试验所需要的时间与金钱；数据库系统的不断迭代更新使得对数据的存储与管理更加便捷，为大数据预测船桥碰撞动力响应及结构变形提供数据基础；搭建桥梁抗撞设计计算平台，基于最新规范实现快速计算、智能判断的功能，能帮助从业人员更轻松地进行桥梁抗船撞设计。

6.1.2 关键技术主要内容

临时墩防撞设计关键技术主要包括以下三点：

（1）国内外船桥碰撞相关规范的船桥碰撞机理理论；

（2）基于 SolidWorks、HyperMesh、MIDAS 和 LS-DYNA 软件的船桥碰撞数值模拟；

（3）加装新型波折钢板-钢覆复合材料防撞设施的独立式防撞墩技术。

6.2 国内外桥梁抗撞规范

20 世纪 60 年代，各国对桥梁抗船撞设计开始进行研究。1980 年，美国阳光大桥被船撞塌事件导致了 35 人死亡，直接经济损失达到 4 000 万美元，引发行业对桥梁抗船撞问题的重视。美国联邦公路局开展了船桥碰撞的研究，于 1991 年形成了美国第一部《公路桥梁船撞设计指南》，并在 2009 年颁布了最新版本，相关内容也被写进了《美国公路桥梁设计规范》。之后，欧洲国家也相继展开了对船桥碰撞的研究，针对该问题制定了相应的技术标准或规范。在我国，对于船舶撞击桥梁问题的研究起源于 20 世纪 80 年代末期。从黄石长江公路大桥开始，我国相关技术部门和技术人员逐步认识到了船舶撞击对航道桥梁安全的重要影响，之后结合重大跨航道桥梁工程的建设，开展了逐步深入的研究工作。各国规范对船舶撞击力的计算规定如下所示：

（1）美国国家公路与运输协会（AASHTO）规范公式

AASHTO《桥梁船舶撞击设计指南》给出的船舶与桥梁正撞的撞击力计

算公式为

$$P = 0.98\sqrt{\mathrm{DWT}}(V/8) \tag{6.1}$$

式中：P ——船桥撞击力，MN；

V ——船舶撞击速度，m/s；

DWT——船舶载重吨位，t。

该计算公式仅考虑航行的撞击速度、船舶载重吨位对撞击力的影响，计算方便，适用于各类货船正面撞击桥墩的情况。

对于驳船撞击力，AASHTO规范通过驳船撞击深度进行计算：

$$a_B = 3.1(\sqrt{1+0.13E_k}-1) \tag{6.2}$$

$$P_B = \begin{cases} 60a_B, & a_B < 0.1 \text{ m} \\ 6+1.6a_B, & a_B \geqslant 0.1 \text{ m} \end{cases} \tag{6.3}$$

其中

$$E_k = \frac{1}{2}m_B v_i^2 \tag{6.4}$$

式中：E_k ——驳船动能，MJ；

a_B ——驳船撞击深度，m；

P_B ——驳船撞击力，MN；

m_B ——驳船总质量，kg；

v_i ——驳船行驶速度，m/s。

该公式先根据驳船的动能 E_k 计算出撞击深度 a_B，再根据撞击深度 a_B 使用半经验公式计算出驳船撞击力。

（2）欧洲规范公式

欧洲统一规范 Eurocode 1 的 2.7 分册中规定，在桥梁的船撞设计中，应选用某种统计意义下的设计代表船舶，船舶撞击力根据下式进行计算：

$$F = V\sqrt{KM} \tag{6.5}$$

式中：F ——船舶撞击力，MN；

V ——船舶速度，m/s；

K ——船舶等效刚度，MN/m；

M ——船舶质量，kg。

对比其他规范，欧洲规范 Eurocode 1 考虑了碰撞体的等效刚度 K，但刚度的取值较为单一。规范中规定：内河航道船舶的 $K=5$ MN/m，远洋船舶的 $K=15$ MN/m。对比 AASHTO 规范，此规范额外考虑了接触刚度，但仍有较大局限性。

(3) 我国《公路桥涵设计通用规范》(JTG D60—2015)公式

我国《公路桥涵设计通用规范》(JTG D60—2015)第 4.4.2 条规定：有漂流物的水域中的桥梁墩台，设计时应考虑漂流物的撞击作用，其横桥向撞击力设计值可按下式计算，漂流物的撞击作用点假定在计算通航水位线上桥墩宽度的中点。

$$F=\frac{Wv}{gT} \qquad (6.6)$$

式中：F ——船舶撞击力设计值，kN；

W ——漂流物重力，kN；

v ——水流速度，m/s；

T ——撞击时间，s；

g ——重力加速度，$g=9.81$ m/s^2。

对该公式进行分析可以发现，公路规范是根据冲量定理对撞击力进行计算的。实际应用时船舶的撞击时间难以确定，一般取为 1.0 s。实际情况可能存在较大差异，因此计算结果不准确。同时，此规范计算出的是撞击力的平均值而不是峰值，在指导桥梁抗船撞设计中有局限性。

(4) 我国《铁路桥涵设计规范》(TB 10002—2017)公式

我国《铁路桥涵设计规范》(TB 10002—2017)第 4.4.6 条规定，船舶撞击作用力根据下式进行计算：

$$F=\gamma v\sin\alpha\sqrt{\frac{W}{C_1+C_2}} \qquad (6.7)$$

式中：F ——撞击力，kN；

γ ——动能折减系数，$s/m^{\frac{1}{2}}$；

v ——船只或排筏撞击墩台时的速度，m/s；

α ——船只或排筏驶近方向与墩台撞击点处切线所成的夹角，(°)；

W ——船只重或排筏重，kN；

C_1 ——船只或排筏的弹性变形系数，m/kN；

C_2 ——墩台圬工的弹性变形系数，m/kN。

铁路规范基于动能定理推导而得，考虑了动能折减、撞击角度、撞击速度、船舶质量、船只和桥墩的弹性变形系数等多个影响因素，但该公式中的动能折减系数 γ 和弹性变形系数 C_1、C_2 难以确定，因此难以广泛应用。

(5) 我国《公路桥梁抗撞设计规范》(JTG/T 3360-02—2020)公式

2020年新颁布的《公路桥梁抗撞设计规范》中规定：

① 与桥梁碰撞时，轮船撞击力设计值应按下列公式计算：

$$F = a \cdot \eta \cdot \gamma \cdot V \cdot [(1+C_M) \cdot M]^{0.62} \qquad (6.8)$$

其中：

$$\eta = \begin{cases} 1 - \exp\left(-\dfrac{\beta \cdot \Delta H}{H_S}\right), & \dfrac{\Delta H}{H_S} \leqslant 1.0 \\ 1, & \dfrac{\Delta H}{H_S} > 1.0 \end{cases} \qquad (6.9)$$

$$\gamma = 1 - a_0 \left(\dfrac{1}{M}\right)^{b_0} \cdot (1 - \cos\theta) \qquad (6.10)$$

式中：F ——轮船撞击力设计值，MN；

a ——轮船撞击力系数，取 0.033；

η ——几何尺寸的修正系数；

γ ——撞击角度的修正系数；

V ——船舶撞击速度，m/s，按公式(6.15)取用；

C_M ——附连水质量系数，按图 6-2 取值，船舶正撞时宜取 0.1~0.3，侧撞时宜取 0.5~4.5；

M ——满载排水量，t；

ΔH ——被撞体厚度，m；

H_S ——船舶高度，m；

β——统计系数,取 4.0;
θ——船舶轴线与碰撞面法线夹角,$0°\leqslant\theta\leqslant 45°$;
a_0、b_0——参数,按表 6-1 取值。

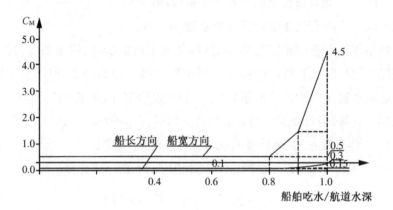

图 6-2 附连水质量系数

表 6-1 a_0、b_0 的取值

参数	法向撞击力	撞击力合力
a_0	36.61	69.13
b_0	0.42	0.50

此规范在轮船撞击力公式中设置了轮船撞击力系数 a、几何尺寸修正系数 η、撞击角度修正系数 γ、附连水质量系数 C_M、船舶撞击速度 V、船舶满载排水量 M。其中几何尺寸修正系数根据船舶高度及被撞体的厚度计算得到。该公式根据我国 8 艘代表性轮船(3 000 DMT~50 000 DWT)的船撞动态时间过程,经数理统计得到,充分考虑船舶、被撞体、附连水、撞击角度等多种因素。

② 与桥梁上部结构撞击时,甲板室撞击力设计值应按下式计算:

$$F_{DH} = R_{DH} F \tag{6.11}$$

$$R_{DH} = 0.532 - 2.66 \text{DWT} \times 10^{-6} \tag{6.12}$$

式中:F_{DH}——甲板室撞击力设计值,MN;
F——轮船撞击力设计值,MN,按式(6.8)计算;

R_{DH}——折减系数；

DWT——船舶载重吨位，t，等于轮船满载排水量减去空船质量。

与桥梁上部结构撞击时，桅杆撞击力设计值应按下式计算：

$$F_M = K_m F_{DH} \tag{6.13}$$

式中：F_M——桅杆撞击力设计值，MN；

K_m——系数，取 0.133。

此规范给出了船舶与桥梁上部结构撞击时甲板和桅杆的撞击力，该公式是基于国内有关数值模拟结果，在美国《公路桥梁船撞设计指南》的基础上改良而来，更加适用于国内的船桥碰撞计算。

③ 与桥梁撞击时，驳船撞击力设计值应按下式计算：

$$F = 0.015 \cdot M^{0.70} \cdot V \tag{6.14}$$

式中：F——驳船撞击力设计值，MN；

M——满载排水量，t；

V——船舶撞击速度，m/s，按公式(6.15)取用。

该公式根据我国 7 艘代表性驳船(50 DMT~3 000 DWT)的船撞动态时间过程，经数理统计得到。

④ 船舶撞击速度宜根据桥区水域的实测数据或可靠的模拟试验数据确定。当不具备分析条件时，船舶撞击速度可按图 6-3 速度曲线采用公式(6.15)计算：

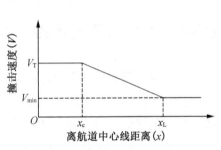

图 6-3 船舶撞击速度曲线

$$V = \begin{cases} V_U, & x \leqslant x_c \\ \dfrac{x_L V_U - x_c V_L - x(V_U - V_L)}{x_L - x_c}, & x_c < x \leqslant x_L \\ V_L, & x > x_L \end{cases} \tag{6.15}$$

式中：V——船舶撞击速度，m/s；

V_U——船舶在航道内的正常行驶速度，m/s；

V_L——水域特征流速，m/s，根据桥址处水文统计确定；

x ——桥墩中心线至航道中心线的距离,m;

x_c ——航道中心线至航道边缘的距离,m;

x_L ——航道中心线至3倍船长处的距离,m。

综上所述,各国规范的船桥碰撞计算公式均建立在将船桥碰撞视为刚体或弹性体的整体碰撞、船桥完全接触的基础上,是经修正的准静态半经验公式。计算的依据多为船桥之间的动量或能量转化,桥墩形式及形状尺寸对结果的影响很少纳入考虑范围。各个公式均有相关的理论及试验基础,着重考虑撞击速度及船舶载重吨位的影响,又在此基础上引入其他影响因素。我国新颁布的《公路桥梁抗撞设计规范》(JTG/T 3360-02—2020)更加全面地考虑了碰撞过程中船舶质量、载重吨位、被撞体厚度、附连水质量系数、撞击角度修正系数等多种因素,还给出了确定船桥碰撞撞击力的关键要素撞击速度的计算方法。同时我国新规范还参考了其他国家规范,结合我国的数值模拟结果进行改良,得到了真正适用于中国国情的船桥碰撞撞击力计算公式,在准确性和适用范围上均有较大提高。

6.3 船舶有限元模型

船舶冲击荷载和结构动力响应的主要影响因素是船舶的结构模型。因此,为提高计算速度,将船舶模型分为船艏和船体两个部分分别划分网格。船艏部分的网格较为细密,以尽可能真实地反映在碰撞时发生的塑性变形,以及其对于动能的吸收;船体部分基本不发生变形,不参与能量转化,划分的网格较大以减少整体单元数目,缩短计算时间。共构建了5种载重吨位的船舶模型,载重吨位分别为300 DWT、500 DWT、1 000 DWT、2 000 DWT和3 000 DWT。各个船舶的建模方法相似,下面以500 DWT的干货船的建模为例,详述其建模过程及方法,其他船舶仅给出主要参数和完成后的模型,建模过程不再过多介绍。

6.3.1 500 DWT船舶有限元模型

本书所使用的500 DWT船舶为内河航道中常见的500 DWT干货船。该船型的基本特征参数如表6-2所示,结构尺寸如图6-4所示。其船舶建

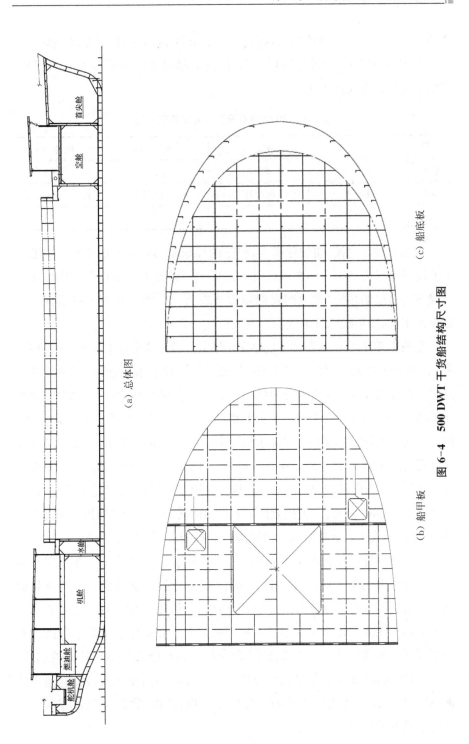

图 6-4　500 DWT 干货船结构尺寸图

模的整体思路与桥梁建模相同,都是先在 SolidWorks 中绘制出 3D 模型,接着导入 HyperMesh 中进行网格的划分,最后将模型的网格导入 LS-DYNA 中赋予材料属性及边界条件等。

表 6-2 500 DWT 干货船基本特征参数

参数	总长/m	型宽/m	型深/m	吃水/m
取值	41.50	8.30	3.20	2.68
参数	船甲板厚度/mm	船底板厚度/mm	舷侧外板厚度/mm	肋骨厚度/mm
取值	8	8	7	6

相比于桥梁建模,船舶建模中,船艏的外形是形式各异的曲面。船艏外形的还原度对仿真结果的准确性有一定影响。因此本节根据船舶图纸中的型线图进行船舶建模,型线图在船舶型体表面三个相互垂直的投影面上投影出剖切线、投影线和外廓线。

船舶建模时,在上视基准面的草图中插入处理好的半宽水线图 dwg 文件。半宽水线图是以船型表面和对称于中线面—舷平行于基面的各水线面的交线及甲板边线舷墙顶线在俯视方向的投影图。半宽水线图上的各条水线应该处于不同的高度上,类似于等高线。因此根据水线图上的数字建立不同高度的基准面来放置这些线条,例如将半宽水线图中 500 WL 的曲线剪切、复制到在上视基准面上方 500 mm 的基准面中作为草图。以此类推,画出船艏外部钢板曲面在长度与宽度方向的剖面曲线草图。接着使用"放样曲面"或"边界曲面"命令生成船艏外部钢板曲面。为使放样结果更加精确,可以使用"通过参考点的曲线"命令作为放样引导曲线,完成的船艏外部钢板曲面如图 6-5 所示。

完成船艏外部钢板曲面后,船艏的主要外形便已经确定。在主甲板和底板所在平面建立基准面,使用"交叉曲线"命令生成基准面与外部钢板曲面之间的交线,连接交线两端形成封闭曲线,再使用"边界曲面"命令将围成的图形形成曲面实体完成主甲板与底板的建模。在船艏各个船肋骨架所在的平面建立基准面,使用"交叉曲线"命令形成各片船肋骨架的外部轮廓线,使用"等距实体"命令绘制出处处与外轮廓线等距的内轮廓线,使用"边界曲面"命令填充出两者之间的曲面。完成主甲板、底板、肋骨和龙骨建模后的船艏三维模型如图 6-6 所示。

图 6-5 船艏外部钢板曲面

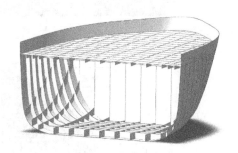

图 6-6 船艏模型

船身主要提供船舶的总质量,在数值模拟过程中不会发生较大变形,因此在建模时不需要还原船舶上的球形船尾等细节,但是船舶模型长度应符合实际。建模时以右视基准面作为船身的起始基准面,使用"交叉曲线"命令作出与船首尾部的交线并手动连接曲线端部以形成封闭曲线。使用"拉伸凸台/基体"命令拉伸出船身实体,全船长度为 41.5 m。完成后的 500 DWT 干货船 SolidWorks 模型侧视图如图 6-7 所示。

图 6-7 500 DWT 干货船模型

船舶模型以曲面为主,各个部分如纵横桁架之间相互交错、多有接触,因此在划分网格的过程中,需先使用"organize"命令将船艏分为护舷、主甲板、底板、外板、纵向骨架、横向骨架、船身等多个部件;再使用"trim"命令将两两相交的部件进行互相修剪,使得各个构件划分网格后,接触部分的网格能够保持连续性;最后使用"automesh"命令对各部件进行面网格的划分。船艏部分模型均采用 shell 单元,网格尺寸为 200 mm;船身部分模型均采用 8 节点 solid 单元,为节省计算时间,船身的网格尺寸为 200 mm×200 mm×2 000 mm。该模型共划分了 29 765 个单元,其中 shell 单元 9 445 个、solid 单元 20 320 个。完成网格划分后的 500 DWT 干货船模型如图 6-8 所示。

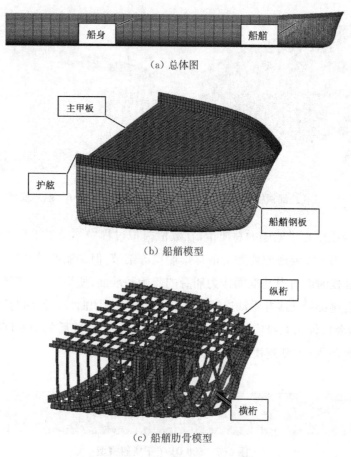

图 6-8 500 DWT 干货船有限元模型图

6.3.2 500 DWT 船舶材料模型

船艏部分使用的所有内部结构和外板均采用 Hughes-Liu 壳单元建模,在整个厚度上有 5 个积分点。在船艏部分使用壳单元建模的钢板厚度范围为 6~18 mm,以准确预测正面碰撞期间的冲击力、局部屈曲和压溃行为。钢板材料使用的是双线性弹塑性本构模型 *MAT_PLASTIC_KINEMATIC(♯03),参数选用 Q235 钢材参数,如表 6-3 所示。在该材料模型中使用了 Cowper-Symonds 模型以考虑材料应变率效应,相关参数 $C=40.4$, $P=5$,这些值也被广泛应用于多项研究中。

表 6-3　船艏钢板材料参数

参数	密度/(kg/m³)	弹性模量/MPa	泊松比	屈服强度/MPa
取值	7 850	2.06×10⁵	0.27	235
参数	切线模量/MPa	应变率参数 C	应变率参数 P	破坏应变
取值	1 180	40.4	5	0.35

船舶非船首部位远离碰撞区域，不会产生显著变形，对能量耗散的贡献基本可以忽略。为提高计算效率，使用 8 节点实体单元和粗网格，并采用刚体材料模型 *MAT_RIGID(♯20)对船身部分进行建模，通过调整该材料模型的密度参数，使船舶总质量达到预设总质量。资料显示，500 DWT 干货船的满载排水量约为 800 t，同时对于附连水质量，也通过增加船舶总质量的方法进行考虑。《公路桥梁抗撞设计规范》(JTG/T 3360-02—2020)中规定正撞时附连水质量系数宜取 0.1～0.3。正撞工况下取附连水质量为船舶满载排水量的 0.15 倍，故船舶及附连水总质量为

$$M_{总}=800\times(1+0.15)=920\,(\text{t}) \tag{6.16}$$

船艏和船身单元之间采用共节点的方式进行连接。有限元建模中，不同单元之间的接触处理非常重要。船艏自身在冲击过程中也可能发生较大的变形，为了避免结构部件之间发生穿透，并考虑到碰撞过程中可能产生的二次接触，内部甲板与骨架之间使用一种名为 *CONTACT_AUTOMATIC_SINGLE_SURFACE 的单面接触算法，此接触方式能够检测指定单元发生的所有接触，自动单面接触的动态和静态摩擦系数为 0.21(表 6-4)。

此外，船艏与墩柱承台之间的自动面接触方式为 *CONTACT_AUTOMATIC_SURFACE_TO_SURFACE，此接触方式使用罚函数算法，接触面之间的动态和静态摩擦系数均设置为 0.3(表 6-4)。

表 6-4　接触系数

接触方式	接触部件	接触材料	动态和静态摩擦系数
*AUTOMATIC_SINGLE_SURFACE	船舶	钢材	0.21
*AUTOMATIC_SURFACE_TO_SURFACE	船舶与桥墩	钢材与混凝土	0.3

6.3.3 其他船舶模型及主要参数

本节中还使用了 300 DWT、1 000 DWT、2 000 DWT 和 3 000 DWT 的船型,其建模过程与前文的 500 DWT 船舶大同小异,在此仅给出各船舶的相关参数和完成后的模型图。

(1) 300 DWT 船舶

300 DWT 的船舶排水量为 330 t,船舶特征参数如表 6-5 所示,模型图如图 6-9 所示。

表 6-5　300 DWT 船舶基本特征参数

参数	总长/m	型宽/m	型深/m	吃水/m
取值	34	6.60	2.30	1.80
参数	船甲板厚度/mm	船底板厚度/mm	舷侧外板厚度/mm	肋骨厚度/mm
取值	8	8	8	6

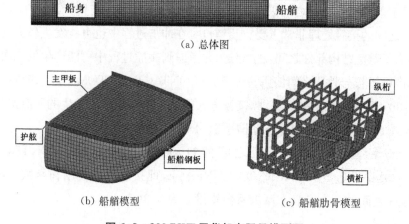

(a) 总体图

(b) 船艏模型　　(c) 船艏肋骨模型

图 6-9　300 DWT 干货船有限元模型图

(2) 1 000 DWT 船舶

1 000 DWT 船舶参考我国内河航道中较为常见的 1 000 DWT 液货船,船舶排水量为 1 650 t,该船型的基本特征参数如表 6-6 所示,建模完成后的模型如图 6-10 所示。

表 6-6 1 000 DWT 船舶基本特征参数

参数	总长/m	型宽/m	型深/m	吃水/m
取值	69.80	12.80	3.55	3.03
参数	船甲板厚度/mm	船底板厚度/mm	舷侧外板厚度/mm	肋骨厚度/mm
取值	10	10	8	6

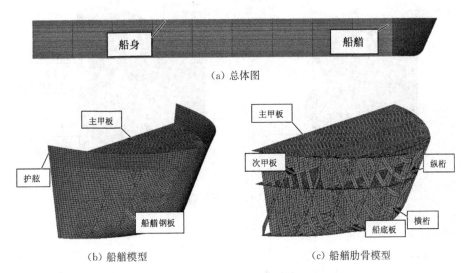

图 6-10 1 000 DWT 液货船有限元模型图

(3) 2 000 DWT 船舶

2 000 DWT 船舶为内河航道中较为常见的 2 000 DWT 干货船,船舶排水量为 3 500 t,该船型的基本特征参数如表 6-7 所示,建模完成后的模型图如图 6-11 所示。

表 6-7 2 000 DWT 船舶基本特征参数

参数	总长/m	型宽/m	型深/m	吃水/m
取值	64.80	15.00	4.80	4.10
参数	船甲板厚度/mm	船底板厚度/mm	舷侧外板厚度/mm	肋骨厚度/mm
取值	12	12	12	10

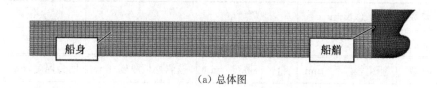

(a) 总体图

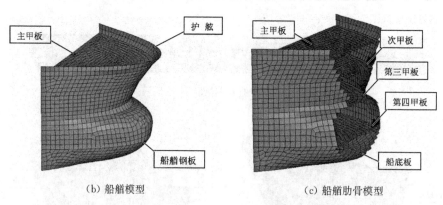

(b) 船艏模型　　　　　　　(c) 船艏肋骨模型

图 6-11　2 000 DWT 干货船有限元模型图

(4) 3 000 DWT 船舶

3 000 DWT 船舶为内河航道中较为常见的 3 000 DWT 船,船舶排水量为 5 500 t,该船型的基本特征参数如表 6-8 所示,建模完成后的模型图如图 6-12 所示。

表 6-8　3 000 DWT 船舶基本特征参数

参数	总长/m	型宽/m	型深/m	吃水/m
取值	86.62	14.60	7.25	5.80
参数	船甲板厚度/mm	船底板厚度/mm	舷侧外板厚度/mm	肋骨厚度/mm
取值	15	15	15	12

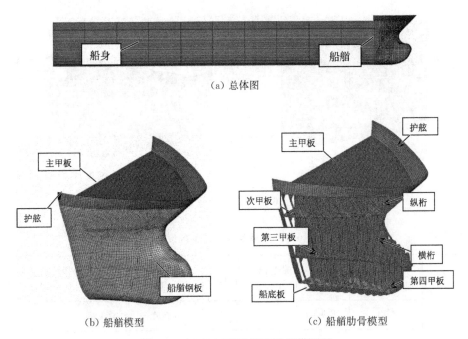

图 6-12 3 000 DWT 船有限元模型图

6.4 船桥数值模型有效性验证

船舶的实际结构十分复杂,为保障后续船桥碰撞模拟结果的准确性,首先验证船舶钢板材料模型的有效性。验证方式为:使 5 种船舶在与其设计行驶速度相近的多种速度下与网格尺寸为 600 mm×1 000 mm 的刚性壁进行碰撞(图 6-13),分析其冲击力时程曲线。船与刚性墙发生碰撞时,其冲击力时程曲线一般分为上升阶段、相持阶段与下降阶段。若依据规范的理论计算值与冲击力时程曲线处于相持阶段的计算值相差在 10% 以内,则可视为此船舶钢板材料符合实际情况,可以应用于后续的船桥碰撞模拟中。

根据船舶稳性计算结果可知,内河航道下船舶的设计行驶速度一般为 3 m/s,大型船舶设计行驶速度略高于 3 m/s。因此在进行船舶验证时,选取与设计航行速度较近的四种撞击速度模拟碰撞情况,船舶钢板验证工况如表 6-9 所示。

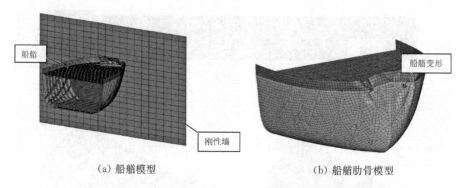

(a) 船艏模型　　　　　　　　　(b) 船艏肋骨模型

图 6-13　500 DWT 船-刚性墙碰撞验证

表 6-9　船艏钢板验证工况设计

工况	船舶载重吨位/DWT	船艏形式	撞击速度/(m/s)	工况	船舶载重吨位/DWT	船艏形式	撞击速度/(m/s)
A1	300	平头型	2	A9	1 000	尖头型	6
A2	300	平头型	3	A10	2 000	球鼻艏	2
A3	300	平头型	4	A11	2 000	球鼻艏	4
A4	500	尖头型	2	A12	2 000	球鼻艏	6
A5	500	尖头型	3	A13	3 000	球鼻艏	2
A6	500	尖头型	4	A14	3 000	球鼻艏	4
A7	1 000	尖头型	2	A15	3 000	球鼻艏	6
A8	1 000	尖头型	4				

船与刚性墙撞击理论值计算依据美国 AASHTO《桥梁船舶撞击设计指南》给出的船舶与桥梁正撞的撞击力计算公式：$P = 0.98\sqrt{DWT}(V/8)$。在此公式中,船舶与桥梁正撞的撞击力主要取决于船舶载重吨位(DWT)及撞击速度(V)。据此规范计算得到 300 DWT、500 DWT、1 000 DWT、2 000 DWT、3 000 DWT 五种船舶在 2 m/s、3 m/s、4 m/s、6 m/s 四种撞击速度下的撞击力理论值(表 6-10)。

表 6-10　AASHTO 规范下的船舶理论撞击力　　　　　　　单位：MN

撞击速度	载重吨位				
	300 DWT	500 DWT	1 000 DWT	2 000 DWT	3 000 DWT
2 m/s	4.24	5.48	7.75	10.96	13.42
3 m/s	6.37	8.22	11.62	16.44	20.13
4 m/s	8.49	10.96	15.50	21.91	26.84
6 m/s	12.73	16.44	23.24	32.87	40.26

船与刚性墙的主要碰撞过程发生在 1 s 以内，因此为提高计算速度，仅计算 1 s 以内的船墙碰撞情况。图 6-14 是五种船型在四种速度下撞击刚性墙的冲击力时程曲线与规范计算值的对比图。

工况 A1～A3 中船舶的船艏形状为平头，冲击力时程曲线如图 6-14(a) 所示。平头船与刚性墙发生碰撞时，由于平头船船艏前段宽大，有大量纵向桁架参与受力，撞击力会在 0.01 s 内急速攀升达到峰值，并在峰值处保持一小段时间；当船艏钢板及纵向桁架均发生塑性变形后，撞击力开始下降；当横向桁架参与受力后，撞击力会有所上升并进入一段平台期；最后船艏受到反力作用而被弹开，撞击力快速下降直至归零。工况 A4～A9 中船舶的船艏形状为尖头。尖头船与刚性墙发生碰撞时，撞击发生的初期，还没有足够多的纵向桁架参与受力。随着船头的变形，更多纵向桁架参与受力，使得撞击力随时间平稳地上升直至达到峰值，但处于峰值的时间非常短暂；接着撞击力下降并进入一段平台期；最后随着船舶被弹开，撞击力快速归零，冲击力时程曲线如图 6-14(b) 和图 6-14(c) 所示。平头船与尖头船在撞击后发生明显的塑性变形，因此其冲击力时程曲线中都有明显的平台期。工况 A10～A15 中的船舶为球鼻艏船型。在撞击过程中，护舷与球鼻艏先后与刚性墙发生碰撞，因此会产生多个波峰。2 000 DWT 船舶的球鼻艏曲线较为圆滑，产生的塑性变形较多，因此其冲击力时程曲线振幅较小，且在撞击末期时程曲线出现了相持阶段，其值大小也与规范计算值相近，如图 6-14(d) 所示。而 3 000 DWT 船舶其艏型较为尖锐，冲击力时程曲线振幅较大，无明显平台期，如图 6-14(e) 所示。

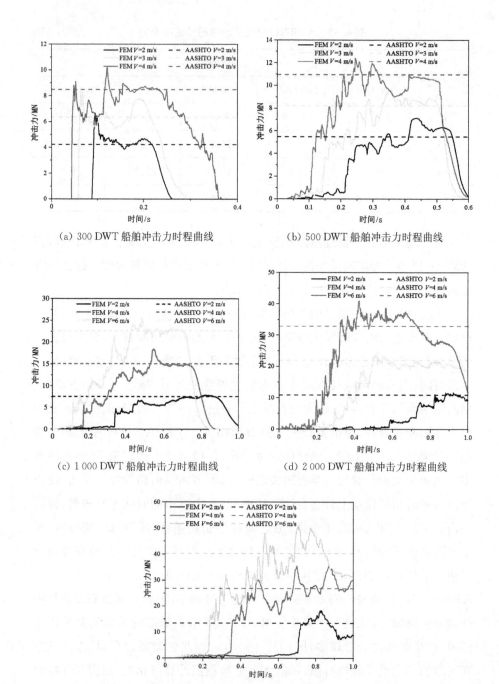

图 6-14 船舶冲击力时程曲线与 AASHTO 理论撞击力对比图

结合图 6-14 以及分析可知,根据 AASHTO 规范计算得到的船舶理论撞击力与冲击力处于平台期时大小相近,或是处于冲击力时程曲线的波峰、波谷之间,这表明建立的船舶数值模型还原了船舶的动态响应,证明了船舶有限元模型的有效性,特别是船舶钢板使用的材料模型。

6.5 防撞墩设计及撞击模拟计算

(1) 独立式防撞墩设计

上跨 G345 在本工程范围附近的现状河面水宽在 40 m 左右,为内河通航航道,最大通航船舶为 500 t 左右。为防止船舶碰撞水中支架的钢管桩,在其前方沿水流方向布置防撞钢管桩。主体结构立柱采用 3 根 $\phi 1\,200/720$ mm 钢管桩,内部填充 C15 素混凝土,呈等边三角形布置;钢管桩之间采用钢管、槽钢形成平联、剪刀撑体系。防撞墩迎船侧立柱、平联采用 30 cm 厚钢覆复合材料进行包裹。钢管桩长度及钢覆复合材料包裹高度根据桥位处地质情况和航道设计水位确定。防撞墩支架布置如图 6-15 所示。

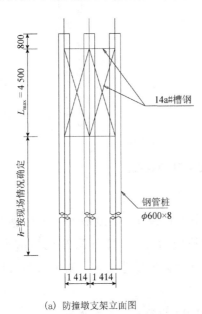

图 6-15 防撞墩支架布置

（2）防撞钢管桩受500 t级船撞击模拟计算

根据《公路桥涵设计通用规范》(JTG D60—2015)，在800 t级船撞击下，横桥向撞击作用为700 kN，顺桥向撞击作用为570 kN，作用在通航水位以上2 m的位置，即撞击力的作用点在4.5 m(2.5 m+2 m)至5.8 m(3.8 m+2 m)范围。钢管桩桩底标高为−10 m，入土深度为8 m，桩土相互作用采用m法模拟。

防撞钢管桩采用的是外径 $D=720$ mm，壁厚 $t=8$ mm 的钢管，入土深度为8 m。计算模型与几何模型如图6-16所示。

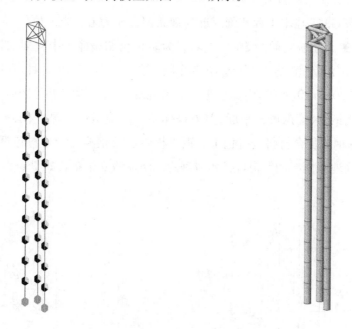

图6-16 防撞墩计算模型、几何模型

计算表明，在横桥向700 kN的撞击力作用下，桩顶最大水平位移为9.5 cm；钢管桩桩顶产生266.4 MPa的拉应力和−227.5 MPa的压应力。考虑施工阶段中应力可提高25%，因此应力满足规范要求。防撞墩最大应力、变形图如图6-17所示。

（3）防撞钢管桩加装防撞单元受1 000 t级船撞击模拟计算

使用MIDAS/Civil对钢管桩进行建模，模型示意图如图6-18所示。

第六章 临时墩防撞设计关键技术

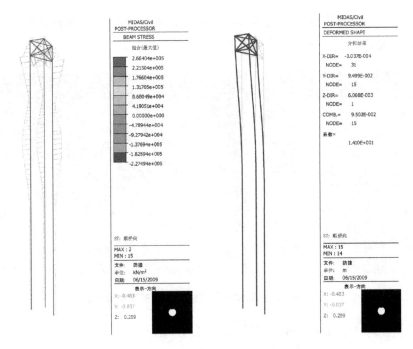

图 6-17 防撞墩最大应力、变形图

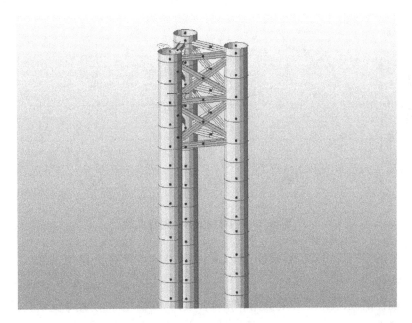

图 6-18 防撞墩模型示意图

在此钢管桩的基础上,增加 30 cm 厚的由聚氨酯泡沫、波形钢、钢板组合成的防撞单元后,其模型示意图如图 6-19 所示。

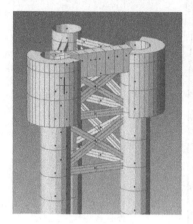
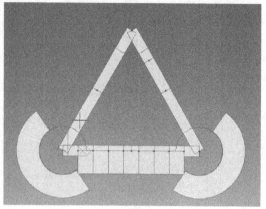

图 6-19　增设防撞单元后的钢管桩模型示意图

不设防撞单元时,分析结果如图 6-20 所示。

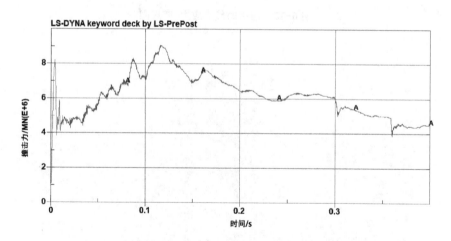

图 6-20　钢管桩撞击力时程曲线

由图 6-20 可知,不设防撞单元时,1 000 t 级船桥碰撞峰值力约为 9.1 MN。

设置钢板、波形钢和聚氨酯泡沫组合成的 30 cm 厚的防撞单元后,分析结果如图 6-21 所示。

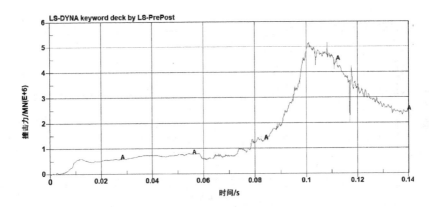

图 6-21 防撞单元与钢管桩接触面撞击力时程曲线

由图 6-21 可知,设置钢板、波形钢和聚氨酯泡沫组合成的 30 cm 厚的防撞单元后,1 000 t 级船舶撞击通过该防撞单元传递给钢管桩的峰值力为 5.2 MN。

由图 6-22、图 6-23 可知,1 000 t 级船舶在 102 ms 时与桥墩接触,此时防撞单元的速度为 2.87 m/s,则该防撞单元的耗能值为

$$\Delta E = 0.5mv_0^2 - 0.5mv_1^2 = 0.5 \times 10^6 \times (3^2 - 2.87^2)$$
$$= 381\,550\,(J) \approx 0.382\,(MJ)$$

防撞单元提供的抗力为:

$$F = \Delta E/\Delta X = 0.382\,MJ/0.3\,m \approx 1.273\,MN$$

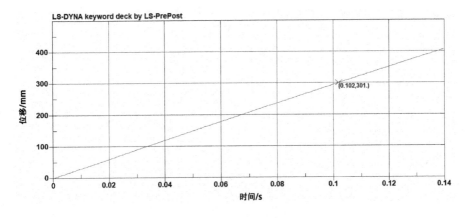

图 6-22 位移时程曲线

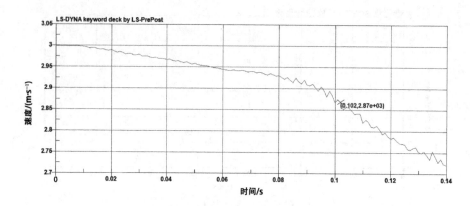

图 6-23 速度时程曲线

将防撞单元的耗能值及提供的抗力转化为大小不变的作用力,总结如表 6-11 所示。

表 6-11 防撞单元耗能值及提供的抗力

防撞单位类型	撞击峰值力/MN	撞击峰值力削减	防撞单元耗能值/MJ	防撞单元提供的抗力/MN
不设	9.1	—	—	—
钢板+波形钢+聚氨酯泡沫 30 cm	5.2	42.86%	0.382	1.273

第七章

基于 BIM 技术的施工信息化管理

7.1 引言

7.1.1 BIM 技术简介

BIM 技术又称建筑信息模型技术,由建筑学、工程学、土木工程以及计算机技术、信息技术等多学科知识糅合而成。利用计算机信息技术等实现了对虚拟情境的建设,在网络环境中,建立起贴近真实的建筑模型,避免了人工设计时出现的技术失误,有效降低了建筑施工设计的错误率,提高了设计质量与效率。

BIM 技术贯穿于项目的整个生命周期,信息数据库将工程所需要的各项数据指标存储后,在实际应用中结合项目实际情况调用并进行真实情况模拟。利用信息集成和协同工作等技术手段可实现一个完整项目从设计到施工的全过程管理,达到建筑工程在全生命周期不同阶段动态信息创建、管理和共享的目的。

此外,在数据库的基础上,信息传递的形式也在工程应用中有着开创性的革新。作为一种新型的管理理念,利用 BIM 技术建立的三维模型可进行各专业之间、各参建方之间信息的有效传递表达,实现多方管控协调。通过 BIM 平台实现项目数据信息的高度整合,以模型为基础,软件为工具,各方协作为重点,展现工程建设的全生命周期管理过程。

BIM 应用在我国正在进入高速发展的轨道。在"十一五"国家科技支撑计划重点项目《现代建筑设计与施工关键技术研究》中,已明确提出将深入研究 BIM 技术,完善协同工作平台,以提高工作效率、生产水平与质量。国内的许多高校如清华大学、哈尔滨工业大学、同济大学、华南理工大学都先后成立了 BLM(建筑全生命周期管理)实验室,它正是 BIM 技术的分支领域。

7.1.2　BIM 技术与桥梁工程项目

BIM 作为一种创新的工具与生产方式,是信息化技术在桥梁工程领域的直接应用。BIM 服务于桥梁项目的设计、建造、运营维护等整个生命周期,为项目各参与方提供了协同工作、交流的平台,其对于避免失误、提高工程质量、节约成本、缩短工期等具有巨大的优势作用。

同时,随着桥梁行业向低能耗、低污染、可持续发展的方向发展,并伴随着国外同行业日益激烈的竞争,传统 CAD 时代的工作模式与技术手段已不能应对各种挑战,信息化技术已成为我国桥梁行业现阶段应运而生的发展方向,而 BIM 的出现正是迎合了信息化技术的要求,其对于信息的交流与共享、提高决策速度与准确性、降低成本、提高生产质量等具有显著的价值优势。

通过 BIM 技术建立桥梁施工模型,以该工程模型为主要载体进行相关信息的处理,既可以做好对桥梁施工设计方案和设计图纸的管理,又可以对施工方案进行可视化管理,为相关方提供完整的竣工模型。因此通过 BIM 技术,桥梁施工各参与方可以随时随地共享项目相关数据,参与项目施工工作,为各参与方特别是施工方带来更多的价值。

7.2　基于 Revit 软件的构件参数化设计

7.2.1　BIM 设计类软件——Revit

BIM 软件一般可以分成以下两大类型:

类型一:BIM 核心建模软件,包括建筑与结构设计软件(如 Autodesk Revit 系列、GraphiSoft Archicad 等)、机电与其他各系统的设计软件(如 Design Master 等)。

类型二:基于 BIM 模型的分析软件,包括结构分析软件(如 PKPM、SAP2000 等)、施工进度管理软件(如 Microsoft Project、Naviswork 等)、制作加工图 Shop Drawing 的深化设计软件(如 Xsteel 等)、概预算软件、设备管理软件、可视化软件等。

BIM 的设计类软件中 Autodesk 公司的 Revit 系列占据着最大的市场份额并且是行业领跑者,它包括 Revit Architecture(建筑)、Revit Structure(结构)、Revit MEP(机电管道)。Revit 是运用不同的代码库及文件结构区别于 AutoCAD 的独立软件平台。其特色包括:

(1) 该软件系列包含了绿色建筑可扩展标记语言模式(Green Building XML,即 gbXML),为能耗模拟、荷载分析等提供了工程分析工具。

(2) 与结构分析软件 ROBOT、RISA 等具有互用性。

(3) 能将其他概念设计软件、建模软件(如 SketchUp)等导出的 DXF 文件格式的模型或图纸输出为 BIM 模型。

(4) 具备由第三方开发的海量对象库(Object Libraries),方便项目各参与方多用户操作。

(5) 各视图与三维模型双向关联功能支持信息全局实时更新,提高了准确性且避免了重复作业;根据路径实现三维漫游,方便项目各参与方交流与协调。

钢桁梁构造多样,现场拼装顶推时精度要求较高。为了提高施工的质量和效率,采用 BIM 主流软件 Revit 对钢桁梁进行参数化设计,并建立钢桁梁构件族库。

7.2.2 构件参数化设计

参数化设计是指将影响设计结果的要素定义为函数体中具有关系的函数变量,通过改变变量值或算法得到相同函数所产生的不同设计结果。

桥梁参数化设计是指将工程编写为函数和过程,通过修改函数变量,经过计算机计算得到结果的设计过程,实现设计过程的自动化。例如,将桥梁构件模型的定量尺寸信息设置为任意调整的参数,对变量参数赋不同的值,就可得到不同形状和大小的构件模型。参数化模型易于修改的特点提高了工程设计的整体效率和质量。

根据工程关系和几何关系,可将参数分为两类:第一类为尺寸值,称为可变参数;第二类为不变参数,用来表征几何元素之间所关联的几何信息。参数化的实质就是通过控制系统的可变参数来实现不变参数的自动维护。因此，在模型设计过程中，通过参数化来建立各种约束关系，实现设计的目的。

在 Revit 的族中添加相关参数，通过参数化驱动来调整族的几何形状并为构件添加工程信息，从而实现构件参数化设计和信息化管理。

根据参数功能的不同，可分为族参数和共享参数；根据参数的驱动对象的不同，可分为类型参数和实例参数。各参数特点如表 7-1 所示。

表 7-1 参数分类及其特点

分类标准	参数类型	特点
参数功能	族参数	可驱动实例，不能在明细表中统计
	共享参数	可在不同项目和族中共享，可添加到明细表或添加标记
驱动对象	类型参数	驱动同一类型的所有实例
	实例参数	驱动单一实例对象

7.3 BIM 模型建立

BIM 模型为 BIM 技术应用的基础，应先根据施工要求绘制 BIM 模型，以便于了解和熟悉桥梁结构特征。模型的构建主要包括以下步骤：首先，技术人员需要借助 CAD 绘图软件绘制桥梁工程的施工图；其次，根据桥梁的施工图构建 BIM 三维模型，利用 BIM 的"碰撞检查"功能检验图纸的合理性；最后，完成桥梁模型的建立，对于桥梁结构部分的建模，必须精细化处理。对于该项目，BIM 三维模型的建立分为两个过程：一是针对各杆件建立族构件模型；二是依据建立的族构件模型建立全桥的模型。

7.3.1 族构件建模

Revit 中的图元都以构件形式呈现，即实际模型中每一个确定的构件都是一个图元。Revit 按照类别、族和类型对图元进行分类。类别，是一组用于对桥梁设计进行建模或记录的图元，比如梁、墩柱、承台、桩基等都是以类别进行划分的；族，是图元的基础形态，当族创建完成载入项目文件中具有实际意义后，族就被称为图元；类型，每一个族都有多个类型，类型可以是族的尺寸,也可以是族的样式。以桥墩为例,如图 7-1 所示。

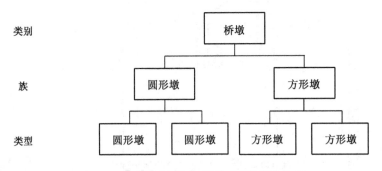

图 7-1 按照类别、族和类型对图元进行分类

族是一个包含通用属性集和相关图形表示的图元组。一个族中不同图元的部分或全部属性可能有不同的值,但属性的设置是相同的。Revit 中有系统族、内建族和标准族三种族类型。标准族通过 Revit 族样板文件进行自定义创建,并能够保存和载入其他项目使用。因此,对于桥梁构件族库,大多利用标准族创建构件族文件。

规范、清晰、简洁的构件命名有助于传递明确的信息。本节桥梁构件命名规则与图纸对应,只有"构件"一个结构层次。构件命名规则为:构件名称首字母-构件编号,例如 XXG-1a,代表下弦杆编号为 1a 的杆件。

本项目钢桁梁 Revit 参数化建模基本流程如下(以下弦杆为例):

(1) 根据构件特点,选择族样板文件,常规构件可选择"公制常规模型"样板,梁构件可选择"公制结构框架-梁和支撑"样板。本项目为钢桁梁,选择"公制结构框架-综合体和桁架"样板(图 7-2)。

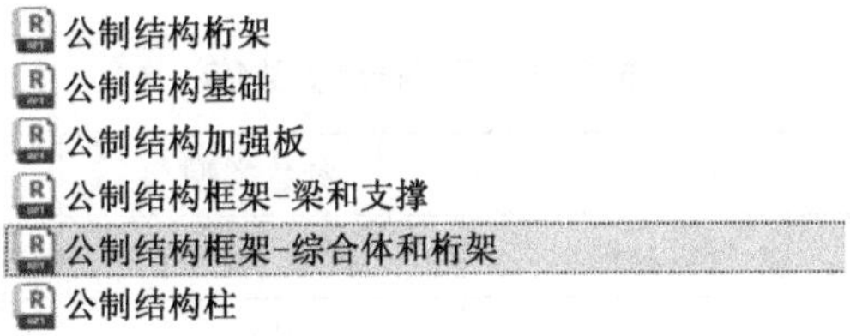

  R 公制结构桁架
  R 公制结构基础
  R 公制结构加强板
  R 公制结构框架-梁和支撑
  R 公制结构框架-综合体和桁架
  R 公制结构柱

图 7-2 族样板选择

(2) 项目默认以 mm 为单位,根据项目需求,在族编辑器中布置相应参照平面,然后进行注释,如图 7-3 所示。

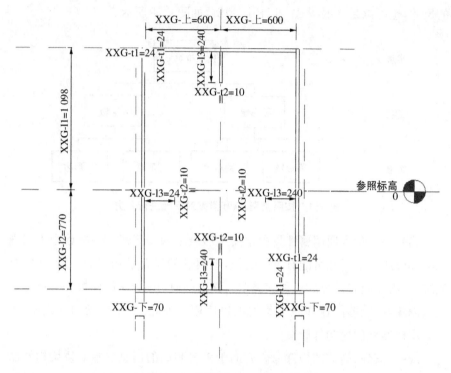

图 7-3 族参数与尺寸标注关联

(3) 先点击"尺寸线",再点击"标签",选择"添加参数"。尺寸参数起到几何约束作用,类型参数则起到尺寸约束作用,在几何约束和尺寸约束共同作用下才能确定唯一的构件截面。构件参数主要涉及材质参数、尺寸参数、属性参数及其他参数等,命名基本形式为:构件名称-参数,如 XXG-t1 代表下桁杆的板厚,详见表 7-2。

表 7-2 下弦杆族参数值

序号	参数名称	参数类型	值
1	杆件材质	材质和装饰	Q420qD
2	XXG-L	尺寸标注	11 000
3	XXG-l1	尺寸标注	1 098
4	XXG-l2	尺寸标注	770
5	XXG-l3	尺寸标注	240

(续表)

序号	参数名称	参数类型	值
6	XXG-t1	尺寸标注	24
7	XXG-t2	尺寸标注	10
8	XXG-上	尺寸标注	600
9	XXG-下	尺寸标注	70

(4) 在"族属性"面板上,单击"族类型"按钮,对族构件定义属性参数。Revit 中包含基本数学语法、条件语句等,可提高参数化设计的智能性。

下弦杆件模型如图 7-4 所示。

对于钢桁梁其他杆件的 Revit 族构件模型,同样依据上述流程,将所需族构件建立完成之后,将其导入项目中进行全桥模型的建立。

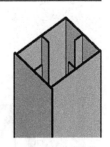

图 7-4 下弦杆件模型

7.3.2 全桥模型建立

与其他项目一样,桥梁建模也遵循一定的流程,以确保模型的准确性和通用性。依次创建各杆件后在项目中按照图纸逐一创建轴网和标高以定位构件位置,然后拼装结构,创建全桥模型,最后进行模型核验。Revit 建立钢桁梁桥模型的流程如图 7-5 所示。

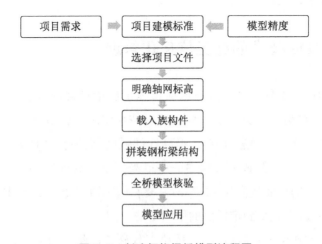

图 7-5 创建钢桁梁桥模型流程图

前一小节已经建立好了构件族库,将其导入结构项目中按照轴网(图 7-6)进行拼装,建立的钢桁梁模型如图 7-7 所示。

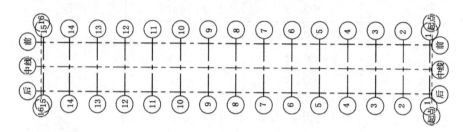

图 7-6　结构项目轴网设置

图 7-7　Revit 钢桁梁模型图

该 BIM 全桥模型基于图纸所建,借助于 BIM 技术,对桥梁模型进行三维可视化,从而更加全面地评估建筑物结构的强度、稳定性等。同时,还利用 BIM 技术进行危险源识别,在模型中标记出来,为后续的安全评估提供数据支持。这些数据能够帮助施工人员更全面地了解桥梁的安全风险,采取相应的措施进行处理。

7.4　BIM 技术的施工信息化管理

为了确保在工程造价范围内该项目施工质量符合规范及设计要求,通过分析,重点在钢桁梁受力方面进行 BIM 技术应用。利用 BIM 技术的分析结果对钢桁梁施工方案进行调整,提高杆件强度,促使整个桥梁工程始终保持稳定良性状态,确保施工过程中的质量与安全。另外,在实际施工中,整个桥梁工程中的桥面宽度为 18.8 m,需要在施工阶段依靠 BIM 技术分析桥面的抗压强度,由此来确定桥面的稳固度。

在项目的初期准备阶段,结合桥梁工程施工图纸,采用 Revit 软件建立桥梁三维模型，能够更加直观地将施工图纸展现出来，方便对桥梁结构中各种构件搭接位置的准确性进行检查。另外通过运行"碰撞检查"，能够及时发现整座桥梁标高、尺寸是否满足标准。模型的可视化也方便各个工程专业之间信息的交流，提高图纸会审的效率，解决图纸在设计阶段存在的问题，提高桥梁设计及施工质量。

同时利用BIM技术实现了桥梁的数字化建模。通过3D建模软件生成桥梁模型，将桥梁的设计参数、结构体系、材料、施工过程等信息全部融入模型中，生成一个数字化的桥梁模型。桥梁模型能够为后续的桥梁进度管理提供重要的数据支持。在此模型的基础上，可以利用相应软件制订桥梁进度计划，实现自动化生成，并直观展示桥梁施工的全过程，从而更好地协助编制施工进度计划，最大限度地提高施工效率。

通过数字化桥梁模型，可以实现对桥梁施工进度的跟踪。因此利用BIM技术，可以直观地展示现场施工情况，通过与设定的进度计划进行比对，及时发现偏差，并对后续的进度计划进行相应的调整。同时，还能够实现现场数据的采集和处理，为最终的成本计算提供数据支持。

第八章

施工过程有限元分析

8.1 有限元建模

8.1.1 模型参数

(1) 材料选取

① 主梁及拱肋

钢材材质为 Q345qD，抗弯强度设计值为 295 MPa，抗剪强度设计值为 170 MPa。

② 各类支架、导梁、刚性支撑

该类构件材料为 Q235B，抗弯强度设计值为 205 MPa，抗剪强度设计值为 120 MPa。

(2) 材料性能

① 钢筋密度：7.85×10^3 kg/m³；

② 钢材弹性模量：$E = 2.01 \times 10^5$ MPa；

③ 材料容许应力：Q345qD 钢材，$[\sigma] = 270$ MPa，$[\tau] = 155$ MPa；

④ 材料容许应力：Q235B 钢材，$[\sigma] = 190$ MPa，$[\tau] = 110$ MPa。

(3) 施工工况

① 自重：钢梁、拱肋、刚性支撑及各类支架自重均按实际重量计。

② 施工荷载：吊装、顶推及焊接过程中桥面施工荷载均很小，忽略不计。

8.1.2 计算模型

根据施工图纸中的支架布置及施工流程，建立考虑顶推过程的 MIDAS/Civil 有限元分析模型。由于 MIDAS/Civil 的功能局限性，为了更好地模拟钢桁梁和钢管之间的相互作用,得到更为准确的受力图,这里对钢桁架与支架分别建立有限元模型进行分析计算。图 8-1 为钢桁架 MIDAS 模型。

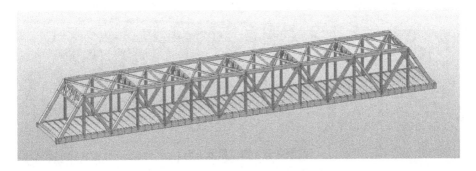

图 8-1　钢桁架 MIDAS 模型

8.2　钢桁梁有限元分析

8.2.1　钢桁梁支反力

(1) 施工阶段 CS1(图 8-2)

图 8-2　施工阶段 CS1

在阶段 1 状态下,最大支反力为 1 060.6 kN,最大位移为 4.761 mm,导梁及横向连接最大应力为 −43.0 MPa,正应力为 43.1 MPa,已安装主桁架最大应力为 5.2 MPa,位于桥面系横梁跨中位置(靠近导梁)。

(2) 施工阶段 CS2(图 8-3)

在阶段 2 状态下,最大支反力为 1 482.3 kN,最大位移为 8.063 mm,导梁及横向连接最大应力为 -44.2 MPa，正应力为 43.9 MPa，已安装主桁架最大应力为 -24.9 MPa，位于下桁架位置（靠近导梁）。

图 8-3　施工阶段 CS2

（3）施工阶段 CS3（图 8-4）

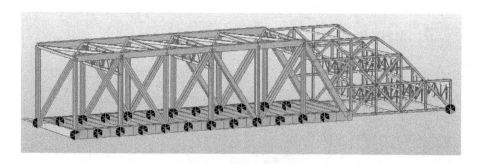

图 8-4　施工阶段 CS3

由于支架对钢桁架的作用通过设置钢桁架边界条件来实现，因此在拖拉至该位置时，钢桁架的节点支承情况与阶段 2 相同，故呈现出来的受力状态也相同。

（4）施工阶段 CS4（图 8-5）

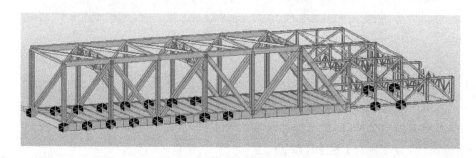

图 8-5　施工阶段 CS4

(5) 施工阶段 CS5(图 8-6)

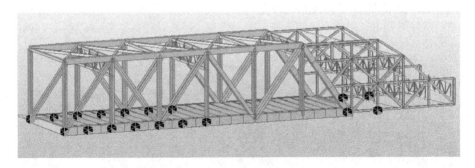

图 8-6 施工阶段 CS5

(6) 施工阶段 CS6(图 8-7)

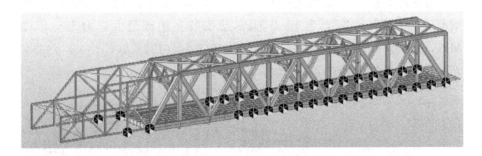

图 8-7 施工阶段 CS6

(7) 施工阶段 CS7(图 8-8)

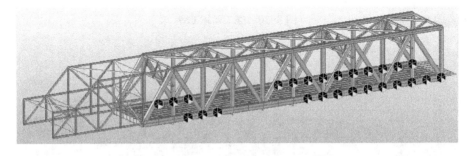

图 8-8 施工阶段 CS7

在阶段 7 状态下,最大支反力为 2 256.7 kN,最大位移为 6.41 mm,导梁及横向连接最大应力为 43.2 MPa,负应力为 −43.1 MPa,已安装主桁架最大应力为-31.1 MPa,正应力为20.3 MPa,均位于斜杆位置。

(8) 施工阶段CS8(图8-9)

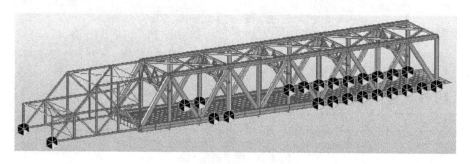

图8-9 施工阶段CS8

在阶段8状态下,最大支反力为2 378.6 kN,最大位移为7.625 mm,导梁及横向连接最大应力为43.2 MPa,已安装主桁架最大应力为-48.2 MPa,位于竖杆位置,正应力为32.7 MPa,位于斜杆位置。

(9) 施工阶段CS9(图8-10)

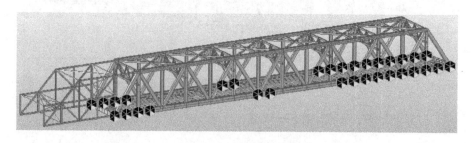

图8-10 施工阶段CS9

(10) 施工阶段CS10(图8-11)

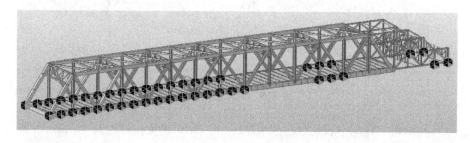

图8-11 施工阶段CS10

在阶段 10 状态下,最大支反力为 3 439.2 kN,最大位移为 6.915 mm,导梁及横向连接最大应力为 43.1 MPa,已安装主桁架最大应力为 −38.5 MPa,位于斜杆位置。

(11) 施工阶段 CS11(图 8-12)

图 8-12　施工阶段 CS11

(12) 施工阶段 CS12(图 8-13)

图 8-13　施工阶段 CS12

(13) 施工阶段 CS13(图 8-14)

图 8-14　施工阶段 CS13

在阶段 13 状态下,最大支反力为 3 168.7 kN,最大位移为 7.276 mm,导梁及横向连接最大应力为 43.1 MPa,已安装主桁架最大应力为 −42.9 MPa,位于斜杆位置。

(14) 施工阶段 CS14（图 8-15）

图 8-15　施工阶段 CS14

8.2.2　钢桁梁强度分析

在顶推施工过程中，结构同样应满足强度的要求。根据钢桁梁在各个施工阶段的受力图，这里选取了阶段 2、阶段 5、阶段 14 作为控制工况，验算此工况下的强度（图 8-16～图 8-18）。

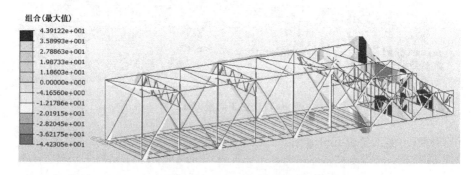

图 8-16　阶段 2 钢桁架应力云图

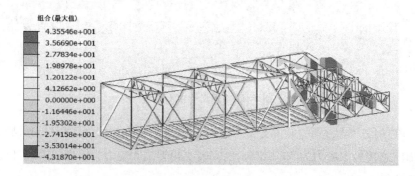

图 8-17　阶段 5 钢桁架应力云图

第八章 施工过程有限元分析

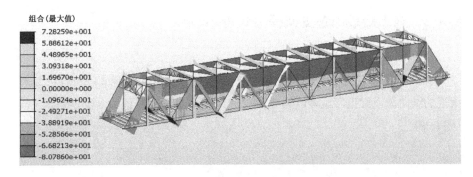

图 8-18　阶段 14 钢桁架应力云图

根据计算结果可知,在上述施工阶段中结构的最大应力值为 81 MPa,小于 Q235B 钢材的容许应力 190 MPa,以及 Q345qD 钢材的容许应力 270 MPa,因此钢桁架的强度满足要求。

8.3　支架有限元分析

8.3.1　支架计算模型

根据施工图纸中的支架布置及施工流程,建立考虑顶推过程的支架 MIDAS/Civil 有限元分析模型。图 8-19 为支架 MIDAS 模型。

图 8-19　支架 MIDAS 模型

这里我们通过在纵向滑道梁对应支承点处,施加节点荷载的方式来模拟钢桁架对支架的受力。节点荷载的数值根据上文中得到的节点反力确定,摩擦系数取为 0.2。

8.3.2 施工阶段中各支架受力分析

（1）河道内侧支架

在施工阶段 12 时受到的弯矩最大,施加的节点荷载如图 8-20 所示,在支座附近的纵向滑道梁正弯矩峰值为 3 329.2 kN·m,负弯矩峰值为 3 031.3 kN·m（图 8-21）。

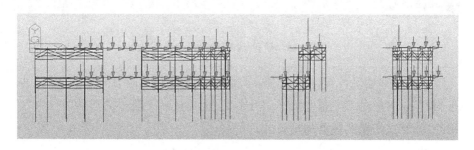

图 8-20　施加的节点荷载（河道内侧支架）

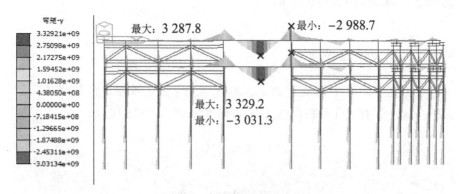

图 8-21　支架弯矩（河道内侧）

（2）河道中侧支架

在施工阶段 12 时受到的正弯矩最大,施加的节点荷载如图 8-22 所示,纵向滑道梁负弯矩峰值为 3 485.2 kN·m;在施工阶段 9 时受到的负弯矩最大,纵向滑道梁负弯矩峰值为 2 892.2 kN·m（图 8-23）。

（3）河道对岸侧支架

在施工阶段 12 时受到的正弯矩最大,施加的节点荷载如图 8-24 所示,在支座附近的纵向滑道梁正弯矩峰值为 2 674.1 kN·m;在施工阶段 13 时

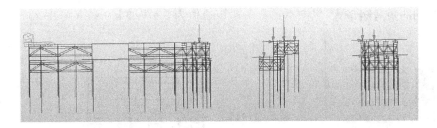

图 8-22　施加的节点荷载（河道中侧支架）

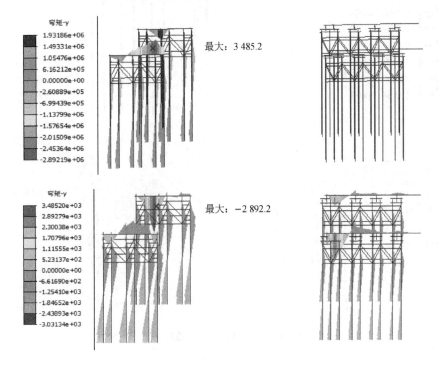

图 8-23　支架弯矩（河道中侧）

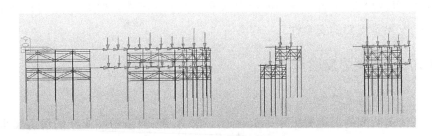

图 8-24　施加的节点荷载（河道对岸支架）

受到的负弯矩最大,纵向滑道梁负弯矩峰值为 5 477.9 kN·m(图 8-25)。

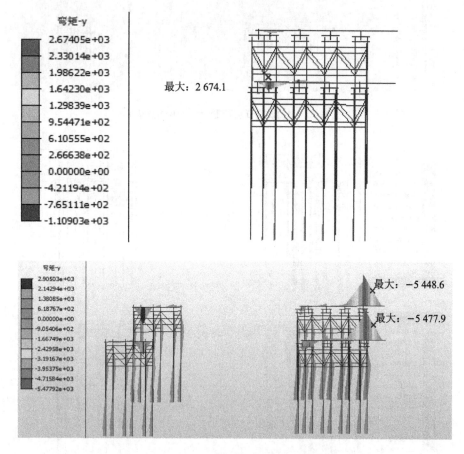

图 8-25　支架弯矩(河道对岸)

综上所述,应重点考虑阶段 5、阶段 13 对岸侧的支架,阶段 9 河道中间支架,以及阶段 12 各个支架的受力情况。在下一节中,选取了阶段 12 为控制工况验算支架的安全性。

8.3.3　支架强度验算

(1) 纵向滑道梁

河道两侧的滑道梁采用 3HN850×300 型钢,河道中间支架的滑道梁采用 3HN1000×300 型钢,构件的应力图如图 8-26 所示。

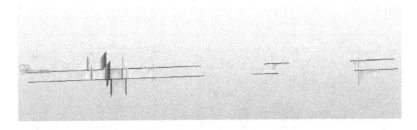

图 8-26 纵向滑道梁应力图

根据计算结果可知,滑道梁最大应力为 140 MPa,由规范可知,材料的容许应力为 190 MPa,故滑道梁的强度满足要求。

(2) 墩顶分配横梁

墩顶分配横梁采用双拼 HW400×400 型钢,构件的应力图如图 8-27 所示。

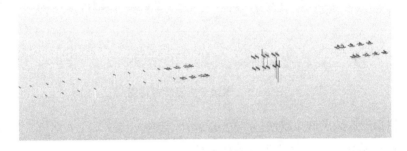

图 8-27 墩顶分配横梁应力图

根据计算结果可知,横梁最大应力为 75 MPa,由规范可知,材料的容许应力为 190 MPa,故横梁的强度满足要求。

8.3.4 支架刚度验算

(1) 纵向滑道梁

纵向滑道梁位移图如图 8-28 所示。

根据计算结果可知,纵向滑道梁最大位移约为 43.9 mm,小于 $L/400=46.8$ mm,故纵向滑道梁刚度满足要求。

(2) 墩顶分配横梁

墩顶分配横梁位移图如图 8-29 所示。

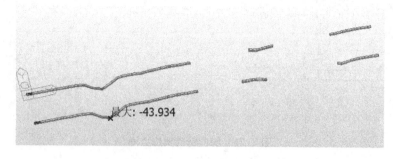

图 8-28 纵向滑道梁位移图

图 8-29 墩顶分配横梁位移图

根据计算结果可知,墩顶分配横梁最大位移约为 12.2 mm,小于 $L/400=$ 12.5 mm,故墩顶分配横梁刚度满足要求。

第九章

主 要 结 论

9.1 横向纠偏关键技术

横向纠偏关键技术研究结论包括：

（1）基于侧向千斤顶及止顶板的横向纠偏施工方法稳定、可靠，在最大荷载工况下顶推反力限位装置内力符合限值要求，根据每次顶推结束后测得的主梁轴线坐标计算测点的偏距及误差并及时调整纠偏，使得钢桁梁顶推行至桁梁 E0 上墩工况时误差调整到较小值，最大不超过 20 mm，保证了结构的线形正确。

（2）钢桁梁下弦杆与千斤顶接触处在最大荷载工况下的集中应力为 113.2 MPa，小于钢材允许应力的一半，在施工安全范围内。

（3）随着各施工工况的进行，钢桁架的各控制截面出现了拉压应力的交替变化，下桁杆的应力变化受施工工况影响较大，导梁、斜腹杆、直腹杆的应力变化受施工工况影响较小。

（4）根据全桥顶推过程的建模计算结果，选取了最不利受力工况，确定了对应的最不利受力节点位置 E2、E2′，提取了各杆件的轴力作为外部荷载，并对节点进行局部建模、细化分析。比较两节点应力集中区域分布情况，发现应力集中区域与节点板连接边界相对应，并且应力最大值均出现在杆件 3 位置。

（5）通过对节点 E2′ 的计算结果的分析，提出改变杆件 3 的截面形式、改变各杆件交点的位置、改变节点板形状三种优化方案。结果证明，改变杆件截面形式的方式对节点的受力性能影响很小；而改变各杆件交点位置的优化方式则能对节点应力集中现象有明显改善，节点应力集中处最大值减小了 23.3%；在此基础上改变节点板的形状以适应杆件更能削弱应力集中，最大值减小了 35.9%。

9.2 稳定性及抗倾覆关键技术

稳定性及抗倾覆关键技术研究结论包括：

（1）当把杆件看作杆单元或者杆件单元，对钢桁梁进行支架稳定性有限元验算时，MIDAS/Civil 屈曲分析结果表明施工第 11 阶段第一节稳定安全系数为 16，大于临时结构安全系数 4.0，整体稳定性满足要求。

（2）16 个临时支架沉降监测点位的沉降量观测结果表明，各临时支架的沉降量均很小，几乎都在 ±3 mm 以内，最大的沉降量为 −0.006 mm，出现在 Z22C 处，为水中支架后部测点。

（3）沉降量的变化随时间呈现出一定规律性，各个测点发生沉降的时间基本较为集中，与钢桁梁及导梁上支架或脱离支架的施工情况相吻合，即在钢桁梁及导梁上支架后，临时支架将会发生一定沉降，钢桁梁及导梁离开支架后，支架的沉降将会有所恢复。

（4）顶推施工过程中，当结构处于悬臂状态时，需满足抗倾覆稳定需求。常泰大桥北接线抗倾覆稳定控制工况下抗倾覆稳定系数最小为 3.5，发生在阶段 7，抗倾覆稳定满足规范要求。

9.3 横向顶推控制关键技术

横向顶推控制研究结论包括：

（1）采用横向顶推的施工方法能够显著减小临时支架数量，从而确保施工阶段的通航不受限，降低了因顶推施工而造成的交通影响。

（2）采用支座节点下单滑靴滑板在滑道梁上进行横向滑移，具有拖拉力小、设备精简的优势，可以使得支座滑靴在滑道梁上平稳前进。

（3）采用四台 500 t 级千斤顶进行同步顶推控制满足荷载需求，能够安全完成该钢桁梁整体横向顶推任务。

（4）在滑道下钢板上以 0.5 m 为刻度进行标记、顶进时每个千斤顶位置处配置相同刻度值、每顶进 2 m 用紧线器对刻度进行复核，以上三种方法可以有效控制横向顶推行程，保证施工精度。

(5) 每一顶进循环使用 GPS 设备进行中线控制、使用桥台上的设计水准点进行高程控制、使用经纬仪进行梁体线形控制,以上三种方法可以实现横向顶推施工的精确进行,保障施工的准确性。

9.4 临时墩防撞设计关键技术

临时墩防撞设计研究结论包括:

(1) 平头船与刚性墙发生碰撞时,撞击力会在 0.01 s 内急速攀升达到峰值,并在峰值处保持一小段时间;当船艏钢板及纵向桁架均发生塑性变形后,撞击力开始下降;当横向桁架参与受力后,撞击力会有所上升并进入一段平台期;最后船艏受到反力作用而被弹开,撞击力快速下降直至归零。

(2) 尖头船与刚性墙发生碰撞时,撞击发生的初期,还没有足够多的纵向桁架参与受力。随着船头的变形,更多的纵向桁架参与受力,使得撞击力随时间平稳地上升直至达到峰值,但处于峰值的时间非常短暂;接着撞击力下降并进入一段平台期;最后随着船舶被弹开,撞击力快速归零。

(3) 2 000 DWT 船舶的球鼻艏曲线较为圆滑,产生的塑性变形较多,因此其冲击力时程曲线振幅较小,且在撞击末期时程曲线出现了相持阶段,其值大小与规范计算值相近。3 000 DWT 船舶其艏型较为尖锐,冲击力时程曲线振幅较大,无明显平台期。

(4) 根据 AASHTO 规范计算得到的船舶理论撞击力与冲击力处于平台期时大小相近,或是处于冲击力时程曲线的波峰、波谷之间,这表明建立的船舶数值模型还原了船艏的动态响应,证明了船舶有限元模型的有效性。

(5) 设置钢板、波形钢和聚氨酯泡沫组合成的 30 cm 的防撞单元能够显著减小钢管桩撞击峰值冲击力,在 1 000 t 级船舶撞击下,未设置防撞单元碰撞峰值力约为 9.1 MN,而设置防撞单元后传递给钢管桩的峰值力仅为 5.2 MN。

9.5 基于 BIM 技术的施工信息化管理

基于 BIM 技术的施工信息化管理研究结论包括:

(1) BIM 技术可以建立贴近真实的桥梁模型,避免了人工设计时出现的技术失误,有效降低了桥梁施工设计的错误率,提高了设计质量与效率。

(2) 在 Revit 的族中添加相关参数,通过参数化驱动来调整族的几何形状并为构件添加工程信息,能够实现构件参数化设计和信息化管理。

(3) 基于设计图纸建立了 BIM 全桥模型,实现桥梁模型的三维可视化,更加全面地评估了建筑物结构的强度、稳定性等,同时进行了危险源识别并在模型中标记,为后续的安全评估提供了数据支持。

9.6 施工阶段有限元分析

根据施工阶段有限元分析结果,可以得到以下结论:

(1) 施工阶段钢桁架最大支反力为 3 439.2 kN(阶段 10),最大位移为 8.063 mm(阶段 2),导梁及横向连接最大应力为 −44.2 MPa(阶段 2)。

(2) 在顶推施工过程中,结构的最大应力值为 81 MPa,小于 Q235B 钢材的容许应力 190 MPa,以及 Q345qD 钢材的容许应力 270 MPa,因此钢桁架的强度满足要求。

(3) 主桥纵向滑道梁最大应力为 140 MPa,墩顶分配横梁最大应力为 75 MPa,均小于材料的容许应力 190 MPa,故强度满足要求。

(4) 主桥纵向滑道梁最大位移为 43.9 mm,墩顶分配横梁最大位移为 12.2 mm,均小于 $L/400$,故刚度满足要求。

参考文献

[1] 中华人民共和国交通运输部.公路工程技术标准:JTG B01—2014[S].北京:人民交通出版社股份有限公司,2015.

[2] 中华人民共和国交通运输部.公路工程水文勘测设计规范:JTG C30—2015[S].北京:人民交通出版社股份有限公司,2015.

[3] 中华人民共和国交通运输部.公路工程地质勘察规范:JTG C20—2011[S].北京:人民交通出版社,2011.

[4] 中华人民共和国交通运输部.公路桥涵设计通用规范:JTG D60—2015[S].北京:人民交通出版社股份有限公司,2015.

[5] 中华人民共和国交通运输部.公路钢筋混凝土及预应力混凝土桥涵设计规范:JTG 3362—2018[S].北京:人民交通出版社股份有限公司,2018.

[6] 中华人民共和国交通运输部.公路桥涵地基与基础设计规范:JTG 3363—2019[S].北京:人民交通出版社股份有限公司,2020.

[7] 中华人民共和国交通运输部.公路工程抗震规范:JTG B02—2013[S].北京:人民交通出版社,2014.

[8] 中华人民共和国交通运输部.公路桥梁抗震设计规范:JTG/T 2231-01—2020[S].北京:人民交通出版社股份有限公司,2020.

[9] 中华人民共和国交通运输部.公路桥涵施工技术规范:JTG/T 3650—2020[S].北京:人民交通出版社股份有限公司,2020.

[10] 中华人民共和国交通运输部.公路工程质量检验评定标准 第一册 土建工程:JTG F80/1—2017[S].北京:人民交通出版社股份有限公司,2018.

[11] 中华人民共和国交通运输部.公路交通安全设施施工技术规范:JTG/T 3671—2021[S].北京:人民交通出版社股份有限公司,2021.

[12] 中华人民共和国交通运输部.公路工程混凝土结构耐久性设计规范:JTG/T 3310—2019[S].北京:人民交通出版社股份有限公司,2019.

[13] 中华人民共和国交通运输部.公路钢结构桥梁设计规范:JTG D64—2015[S].北京:人民交通出版社股份有限公司,2015.

[14] 中华人民共和国交通运输部.公路钢混组合桥梁设计与施工规范:JTG/T D64-01—2015[S].北京:人民交通出版社股份有限公司,2016.

[15] 中华人民共和国住房和城乡建设部.钢结构工程施工质量验收标准:GB 50205—2020[S].北京:中国计划出版社,2020.

[16] 谈晓阳.钢桁梁水中支架上拼装后横向顶推就位方法探讨[J].工程技术研究,2021,6(23):27-29.

[17] 陈百鹤,李钢,邢小明.横向顶推在桥梁施工中的应用[J].四川建筑,2009,29(2):189-191.

[18] 刘志军,钟万波,胡关江.闹市区大跨铁路连续梁横向顶推架设技术[J].铁道标准设计,2007,51(11):30-32.

[19] 杨昌付,宋新刚.预应力混凝土连续梁横向顶推过程仿真分析[J].公路,2013,58(8):135-137.

[20] 宋红红.波折钢板-钢覆复合材料防撞设施抗撞性能[J].中国科技论文,2023,18(2):144-151.

[21] 曹宏斌.波折钢板-钢覆复合材料防撞设施冲击试验及性能研究[D].南京:东南大学,2022.

[22] 李康.钢桁桥节点精细化与增强优化分析方法研究[D].南京:东南大学,2022.

[23] 李康,史国刚,王放,等.基于多尺度有限元的钢桁梁桥整体节点受力性能[J].中国科技论文,2023,18(8):875-881.

[24] 陈国虞,王礼立,杨黎明,等.桥梁防撞理论和防撞装置设计[M].北京:人民交通出版社,2013.

[25] 项海帆,范立础,王君杰.船撞桥设计理论的现状与需进一步研究的问题[J].同济大学学报(自然科学版),2002,30(4):386-392.

[26] Fan W, Guo W, Sun Y, et al. Experimental and numerical investigations of a novel steel-UHPFRC composite fender for bridge protection in vessel collisions[J]. Ocean Engineering, 2018, 165:1-21.

[27] 左杨,肖祥,何雄君.船撞荷载作用下大跨度斜拉桥梁轨相互作用规律研究[J].武汉理工大学学报(交通科学与工程版),2019,43(6):1109-1112.

[28] Jiang H, Chorzepa M G. Evaluation of a new FRP fender system for bridge pier protection against vessel collision[J]. Journal of Bridge Engineering, 2015, 20(2): 5014010.1-5014010.12.

[29] 陈恒山,吴静,陈湘林.顶推法施工在桥梁工程中的应用[J].中外公路,2006,26(3):178-180.

[30] 陈永涛,尹向红.菜园坝长江大桥上部结构施工监控[J].桥梁建设,2007,37(S1):83-86.

[31] 何佳轩,王定举.连续大跨度钢桁梁顶推施工监控技术研究[J].国防交通工程与技术,2018,16(5):54-57.

[32] 姜海东.高速公路钢桁梁顶推及监测施工技术[J].四川水泥,2021(2):190-191.

[33] 吴杰良,刘秀岭,王胜虎,等.杭台铁路椒江特大桥主桥施工监控[J].桥梁建设,2022,52(2):126-133.

[34] 陆新征,林旭川,叶列平.多尺度有限元建模方法及其应用[J].华中科技大学学报(城市科学版),2008(4):76-80.

[35] 程帅,王会利,韩加伦,等.钢桁架整体节点研究综述[J].钢结构,2012,27(6):1-4.

[36] 冯霄旸,马芹纲,宋德洲,等.公路组合桥面钢桁梁桥整体式节点计算对比[J].科学技术与工程,2021,21(15):6454-6462.

[37] 赵汗青,任为东,高静青,等.长联大跨连续钢桁梁悬臂拼装全过程仿真研究[J].铁道标准设计,2021,65(11):6-11.

[38] 娄松,吴芳,江涌,等.大吨位钢桁梁步履式顶推滑移施工力学行为分析[J].桥梁建设,2021,51(1):66-73.

[39] 侯海方.板桁组合钢桁梁桥受力特性及整体节点细节构造分析[D].兰州:兰州交通大学,2015.

[40] 李运生,王慧佳,张彦玲.钢桁梁桥高强螺栓连接的节点板局部受力性能分析[J].石家庄铁道大学学报(自然科学版),2013,26(3):1-7.

[41] 周伟星,孙文波,王剑文,等.某钢桁架连桥节点设计及拓展分析[J].钢结构,2016,31(3):77-80.

[42] Mathieson C,Clifton G C,Lim J B P. Novel pin-jointed connection for cold-formed steel trusses[J]. Journal of Constructional Steel Research,2016,116:173-182.

[43] 陈惟珍,刘学.栓焊桁梁桥病害剖析与加固技术研究[C]//中国土木工程学会桥梁及结构工程分会.第十七届全国桥梁学术会议论文集:下册.北京:人民交通出版社,2006:7.